大家小书

# 唐代社会概略

黄现璠 著

北京出版集团公司
北京出版社

**图书在版编目（CIP）数据**

唐代社会概略 / 黄现璠著. — 北京：北京出版社，2017.1

（大家小书）

ISBN 978-7-200-12572-6

Ⅰ. ①唐… Ⅱ. ①黄… Ⅲ. ①社会史—中国—唐代 Ⅳ. ①K242

中国版本图书馆 CIP 数据核字(2016)第 245930 号

·大家小书·

唐代社会概略

TANGDAI SHEHUI GAILÜE

黄现璠 著

*

北 京 出 版 集 团 公 司
北 京 出 版 社 出版

（北京北三环中路 6 号 邮政编码：100120）

网 址：www.bph.com.cn

北 京 出 版 集 团 公 司 总 发 行

新 华 书 店 经 销

北 京 华 联 印 刷 有 限 公 司 印 刷

*

880 毫米 × 1230 毫米 32 开本 9.625 印张 180 千字

2017 年 1 月第 1 版 2018 年 5 月第 2 次印刷

ISBN 978-7-200-12572-6

定价：38.00 元

# 序　言

袁行霈

“大家小书”，是一个很俏皮的名称。此所谓“大家”，包括两方面的含义：一、书的作者是大家；二、书是写给大家看的，是大家的读物。所谓“小书”者，只是就其篇幅而言，篇幅显得小一些罢了。若论学术性则不但不轻，有些倒是相当重。其实，篇幅大小也是相对的，一部书十万字，在今天的印刷条件下，似乎算小书，若在老子、孔子的时代，又何尝就小呢？

编辑这套丛书，有一个用意就是节省读者的时间，让读者在较短的时间内获得较多的知识。在信息爆炸的时代，人们要学的东西太多了。补习，遂成为经常的需要。如果不善于补习，东抓一把，西抓一把，今天补这，明天补那，效果未必很好。如果把读书当成吃补药，还会失去读书时应有的那份从容和快乐。这套丛书每本的篇幅都小，读者即使细细地阅读慢慢地体味，也花不了多少时间，可以充分享受读书的乐趣。如果把它们当成补药来吃也行，剂量小，吃起来方便，消化起来也容易。

我们还有一个用意，就是想做一点文化积累的工作。把那些经过时间考验的、读者认同的著作，搜集到一起印刷出版，使之不至于泯没。有些书曾经畅销一时，但现在已经不容易得到；有些书当时或许没有引起很多人注意，但时间证明它们价值不菲。这两类书都需要挖掘出来，让它们重现光芒。科技类的图书偏重实用，一过时就不会有太多读者了，除了研究科技史的人还要用到之外。人文科学则不然，有许多书是常读常新的。然而，这套丛书也不都是旧书的重版，我们也想请一些著名的学者新写一些学术性和普及性兼备的小书，以满足读者日益增长的需求。

“大家小书”的开本不大，读者可以揣进衣兜里，随时随地掏出来读上几页。在路边等人的时候，在排队买戏票的时候，在车上、在公园里，都可以读。这样的读者多了，会为社会增添一些文化的色彩和学习的气氛，岂不是一件好事吗？

“大家小书”出版在即，出版社同志命我撰序说明原委。既然这套丛书标示书之小，序言当然也应以短小为宜。该说的都说了，就此搁笔吧。

# 创新与守旧

## ——《唐代社会概略》修订版导读

甘文杰

传统观念一直在循循善诱地向读书人灌输着这样一条金科玉律——温故而知新。勤学好问的读书人在阅读历史作品时会问："历史是什么？"英国史学家卡尔为此做出了言简意赅的回答："历史就是现在与过去的对话。"而架构这种"对话"的平台，正是历史作品，更确切地说是历史学术作品。重读昔日的历史学术经典，不仅是读者的学习过程，同时还是与先贤对话的过程。这种"对话"的重要意义，不仅仅限于"开卷有得""书读百遍，其义自见"等古训，而是两千多年前中国儒祖孔子就道出的至高哲理：温故而知新。

基于这样的认识，作为读者之一，笔者当然必须感谢北京出版社此次慧眼识"典"，将黄现璠的名著《唐代社会概略》纳入"大家小书"以飨读者。

《唐代社会概略》由商务印书馆于1936年3月首次出版，由于出版后备受好评，很快再版。识者有言“黄现璠《唐代社会概略》篇幅不长，却是开山之作”（刘玉峰撰《隋唐史研究的若干代表作》）。中国台湾原佛光大学校长龚鹏程教授（兼北京大学、北师大客座教授）指出：“三十年代黄现璠《唐代社会概略》首列〈阶级〉一章，论贱民、娼妓、劳动、贵族、坐食（指僧侣）等阶级。其后如此讨论中国社会中之身份等级者极多……”（龚鹏程撰《中国传统社会中的文人阶层》，《淡江人文社会学刊五十周年校庆特刊》2000年10月）中国唐史学会副会长胡戟教授也指出：“回顾人们对唐代社会生活的研究……二三十年代进行的‘中国社会史大论战’，实际上是把社会史等同于社会发展史、社会形态史。其后，一些学者则把‘社会史’研究理解为民间风俗史、民族生活史……1936年商务印书馆出版的黄现璠《唐代社会概略》，第一章为阶级，第二章为风俗，第三章为借贷，第四章为交通。其中‘阶级’介绍了贱民、娼妓、劳动者、贵族、坐食者等不同阶层。‘风俗’介绍了跳舞、化妆、戏剧、体育、婚姻等风俗习惯，这些内容显然是社会史的范围。”（胡戟、张弓等主编《二十世纪唐研究》）

学者们的认识，给了笔者三个重要提示：一是《唐代社会概略》的问世，处在20世纪二三十年代热闹一时的“中国社会性质论战”和“中国社会史论战”的时代背景下。二是本书第一章“阶级”，在20世纪新史学实践与建设领域中确为标新立异之作。三是黄现璠对于当时学术界的流行语“阶级”一词的理解与众不同。20世纪二三十年代，国内各种学术新思潮纷呈，“中国社会性质论战”和“中国社会史论战”接二连三，各种时髦用语，诸如“阶级”“奴隶制”“资产阶级”“无产阶级”“士大夫阶级”一类，流行一时。由于黄现璠的新史学新观念与当时社会史论战思潮存在分歧，他对当时论战时期流行语“阶级”概念的运用和理解必然会独出己见。正如他在第一章中所说：“唐代社会，所谓‘贱民阶级’，并非作者标奇立异，实因‘良’‘贱’二字，当时已为普通之称呼，隐然有阶级之分……贱民在政治上、经济上及社会上，皆与良人不同，处处显出阶级之意义。”从中可见，黄现璠运用的“阶级”概念，既有着中国传统“阶级”的内涵，又有着当时流行的唯物史观“阶级”的含义，具有双重性。他的“阶级”概念，不仅具有中国传统划分社会身份等级时指涉的阶层属性，而且具有唯物史观的“阶级”概念指涉的社会大集团中受压迫群体的属性。这种两重性并不意味着黄现璠将中国传统“阶级”（即阶层）的观念与马克思唯物史观的“阶级”概念不加区别混为一谈，而是恰恰相反，《黄现璠口述自传》中的一段话可资佐证："就历史事实而论，在中国和在西方的古代社会中出现的'阶级'概念，大多是指社会上存在的身份等级，实同于'阶层'，它与近代西方马克思主义学说中的'阶级'概念存在实质区别。"基于这样的认识，黄现璠于书所用的"阶级"概念，大多数情况下指涉社会学概念的"阶层"。

书中对"贱民阶级"的具体论述，读者可以慢慢"温故"，品味董狐直笔，从中"知新"而获得新认识、新收获，笔者于此就无意画蛇添足、详言细语了。接下来略论一下书中的"娼妓阶级"。

20世纪有关中国"娼妓"的研究，始于1934年上海生活书店初版的王书奴编著《中国娼妓史》，与之相较，《唐代社会概略》的另辟蹊径之功在于"以诗证史"，可谓走在了20世纪新史学运用新方法的前列。他的这种别出心裁的治史法，显然早于陈寅恪先生，只要将两者发表论著的年代略加比较便可了然。事实上，黄现璠早在1934年8月发表的《唐代之贱民阶级》一文中，已开始运用"以诗证史"的治史法。对于黄现璠而言，诚可谓"笔墨蕴道承史事，不法常可拓新径。莫愁前路无知己，天下智者必识君"。

黄现璠于"娼妓阶级"一节开宗明义地道出了其写作缘起，即"有唐一代，文武百官，学士才子，类多寻花问柳，流连忘返，恬不为怪。吾尝读唐人诗集，每遇风流韵事，兴趣盎然，爰作此篇，探讨唐代社会娼妓阶级生活之概况”。由此表明两点：一、黄现璠“尝读唐人诗集”，熟知唐诗内容。二、尽管《唐代社会概略》诞生于“社会史论战”和“废娼运动”兴盛的时代背景下，但该著绝非临渴掘井的应时应景之作，而是作者熟知前言往事的厚积薄发论著。引申而言，黄现璠于《唐代社会概略》中“以诗证史”的新治史法，从侧面说明了其对史据运用的严谨以及谨慎驰骋议论，以免失真的高度自律性，这表现在：他本着“治史不以孤证立言”的一贯信仰和原则，在具体论述中大多是将正史作为论证的直接证据或史据，而将唐诗只是作为论证补充的旁证或佐证。

《唐代社会概略》第一章第五节论“坐食阶级”，同样属20世纪早期研究唐代僧尼生活或唐代佛教社会史的先声之作，这从史料上斑斑可考。“坐食”一词，古未有之，最早出现有可能始于近代中国新史学倡导者梁启超于1899年1月12日发表在《清议报》第三册上的《政变原因答客难》一文：“公使除呈递国书之外无他事，领事随员等除游观饮食之外无他业，何取于此辈之坐食乎？”而黄现璠所用“坐食阶级”一词，则为作者首创，后学不乏沿用者。作者笔下的“坐食阶级”，主要指汉魏以来的佛教僧尼阶层。在“坐食阶级”一节中，作者对唐代佛教僧尼阶层进行了毫不留情的笔诛墨伐，指出，“唐武宗谓：‘一夫不耕，有受其馁者；一妇不织，有受其冻者。今天下僧尼，不可胜数，皆待农而食，待蚕而衣。’坐食阶级之贻害社会，已可概见。唐代僧道之数，多至十二万七千七百六十四人，则其为害，又岂浅鲜”。由此表明黄现璠对唐武宗会昌年间发起的毁佛运动显然持赞同态度。书中有言：“世谓佛教三武之祸，武宗为其一。然以经济民族方面言之，武宗此举，既可增加赋税，又可生长人丁，获利匪浅，何祸之有？”即为一证。因此，黄现璠以史料为基，从国家经济的角度出发，对坐食阶级的唐代佛教僧尼阶层施以春秋笔法，大张挞伐，实为其读史有感而发的必然结果。

至于《唐代社会概略》中第二、三、四章关于“风俗”“借贷”“交通”的论述，同属20世纪论述唐代风俗和经济问题的先声之作，其中不乏课题创新和观点新颖之处，例如黄现璠于书中对“我国资产阶级”的起源、发达、内涵的发微阐精、穷理尽性，即不失为作者独步一时的独得之见。虽然黄现璠不是唐代经济史专家，但其著《唐代社会概略》在对这一课题的研究中，同样处在当时唐代经济史研究开拓性成果的前列，以至《唐代社会概略》与陶希圣、鞠清远合撰的《唐代经济史》被今人誉为20世纪最早开拓唐史专门研究的“双璧”，似乎顺理成章。

不仅如此，《唐代社会概略》对唐代社会制度的新探索，曾给予了海内外治史者不同程度的启发。中国艺术研究院项阳研究员明确指出："制度对音乐文化的生成与发展确实有着相当重要的影响……回顾中国音乐史的研究……黄现璠先生的《唐代社会概略》对社会制度的探讨是其探究唐代音乐史的基础，其研究方法、论点、论据给后学以相当的启示。"（项阳撰《论制度与传统音乐文化的关系——兼论中国古代音乐史的研究》（三），《音乐研究》2004年第1期）正因上述各方面因素，黄现璠著《唐代社会概略》能够得到广大读者的好评，乃情理之中。

黄现璠曾经坦言："余一生历经过晚清、北洋政府、中华民国、中华人民共和国等不同时代，终生潜心治史，凡五十余年……亦终究无能为力赶上20世纪意识形态和学术思想千变万化的时代潮流和步伐，因而只得固守余于半个世纪前已经形成，而至今始终若一信奉的历史进化观念：'历史学科，甚至一切学问，亦莫不随时势之需要，而为时代之产物。'"（黄现璠著《中国历史没有奴隶社会——兼论世界古代奴及其社会形态》"自序"）从中体现出他的一些"守旧"理念。这种"守旧"，固守的是客观求实的治史传统，是中国传统文人的道德伦理，是中国传统的治学精神和学理，借以抗衡流行于世的“以论带史”或“史从论出”的泛政治化史学暴力。

“温故而知新”这一观念，长期以来都是读书人学习上历久弥新的真理。“温故”滋生“知新”，“知新”孕育“创新”。纵观黄现璠六十余年的治史历程，就是一个不断“温故而知新”的过程，而创新成为“黄现璠史学”始终如一的中核，古为今用的治学守旧则是“黄现璠史学”始终若一的伦理。北京出版社十余年来陆续出版的“大家小书”，长期以来惠及学林和读书界、藏书界，此次将黄现璠著《唐代社会概略》纳入其列，同样能让唐史学界与社会史学界重温经典，让莘莘学子“温故而知新”，让广大读者消费到充满正能量的健康精神食粮，不失为对学术史承前启后、继往开来的一大贡献，可敬可佩可赞也。

2016年4月26日起草于旅澳机上

同年5月23日改订于墨尔本大学图书馆

# 目 录

# 序

民国二十年，我在师范大学史学系讲中国社会史。这时，常和我讨论的一人就是本书编者黄现璠先生。从那年起，黄先生于读书时，把唐代社会史辑录下来。他从史学系毕业后，继续在师大研究院用功，这种工作仍然不断。最近，他要到日本去求学去了，才把材料编为本书。今年上半年，我既与鞠清远先生编成《唐代经济史》，下半年又有这《唐代社会概略》写成，在我是很喜欢的。略记经过如此。

**陶希圣，二十四年九月十六日，北平**

# 第一章　阶级

## 第一节　贱民阶级

### 一　贱民阶级之成立

吾人之鄙视奴隶，称为贱民，由来已远；且几无代无之，不独唐代为然。《荀子·王霸篇》“虽臧获不肯与天子易执业”，杨注：臧获，奴隶贱称也。

唐代贱民，不限于官私奴隶，即商人亦包括在内。《通鉴》卷二〇七云：

> （则天武后）久视元年……十月……张易之……侍宴禁中，易之引蜀商人宋霸子等数人在座同博，安石跪奏曰：“商贾贱类，不应得预此会。”

《新唐书》卷三亦谓"工商杂类，无预士伍"。然商人以多财善贾，在社会上具有相当地位，有时且反抗官宪命令。《新唐书》卷五五《食货志》云：

> 自京师禁飞钱……盐铁使王播请许商人于户部、度支、盐铁三司飞钱，每千钱增给百钱，然商人无至者，复许与商人敌贯而易之……

名虽为贱类，势力殊不可侮，故当作别论，不能与官私奴隶相提并叙。唐代社会，所谓"贱民阶级"，并非作者标奇立异，实因"良""贱"二字，当时已为普通之称呼，隐然有阶级之分。下之记载，即足证明。

> 奴婢贱人，律皆畜产。（《唐律疏议·名例六》）
>
> 若是贱人，自依官户及奴法。（同上《名例三》）
>
> 放贱为良，给复三年。（同上《名例四》）
>
> 凡天下百姓给园宅地者，良口三人以上给一亩，贱口伍人给一亩。（《唐六典》卷三）

其他唐人著作，良贱对举之记载，尚属不少。然当时何以称为“贱人”“贱口”，或简称“贱”，而不称为“贱民”，盖以避太宗世民之讳也。陆贽谓“齐人（民）编户，托庇官曹”。（《陆宣公翰苑集》）舍“民”用“人”，本属牵强，然实不得已而为之。贱民在政治上、经济上及社会上，皆与良人不同，处处显出阶级之意义。所以本节注重之点，即在阐明其身份地位之特殊情形。

## 二　贱民阶级之来源

唐代奴风之盛，虽上不及汉代，下不比元明，然当时人民：因（一）犯罪，（二）俘获，（三）拘略，（四）买卖，而沦为贱民者，殊不在少数，兹分别述之如下：

（一）犯罪　《周礼·秋官》“司寇”“司厉”条谓：“古者，身有大罪，身既从戮，男女缘坐，男子入于罪隶，女子入于舂槁。”则犯大罪者之家属，降为奴婢，自古已然。倘非犯大罪，则本人为奴，家属无连坐。《论语·微子篇》所谓“箕子为之奴”。《左传·昭公三年》条所谓“栾、郤、胥、原、狐、续、庆、伯、降在皂隶”，即指此事。唐代官贱民，亦由于犯罪而来。《唐六典》卷六《尚书刑部》“都官”条云：凡反逆相坐，没其家为官奴婢。注云：反逆家男女及奴婢没官，皆谓之官奴婢。男年十四以下者，配司农，十五以上者，以其年长，命远京邑，配岭南为城奴。《唐律疏议》卷一七“贼盗”条亦云：

> 诸谋反及大逆者，皆斩，父子年十六以上皆绞，十五以下及母女、妻妾（子妻妾亦同）、祖孙、兄弟、姊妹，若部曲、资财、田宅并没官。

《新唐书》卷五六《刑法志》谓“谋反者，男女奴隶，没为官奴婢”，可与此参证。因此吾人不独知唐代官贱民，由犯罪而来；且知犯何种罪，坐及妻子。《唐六典》之“反逆”二字，即《唐律疏议》“谋反大逆”之简称。凡谋危害社稷者，为谋反。谋毁宗庙山陵及宫阙者，为大逆。换言之，即犯上作乱、图谋不轨之意。违犯之者，不独身受刑戮，家属并没官为奴。再高祖武德四年，规定“自余敢盗铸者，身死，家口配没。”（《资治通鉴》卷一八九）大概犯“大逆”、“谋反”及“盗铸钱”等罪，皆得身被刑戮、妻子为奴之处分。

（二）俘获　在战场上，俘获敌人为奴隶，不独我国为然，外国亦有之。古代希腊、罗马盛时，认战争俘获，为合法奴隶。我国古时，据《周礼·秋官》记载，有“蛮隶、闽隶、夷隶及貉隶”等。大约由于战争，俘获南蛮东夷等族而来。唐代官私贱民，由俘获而来者，恐亦不少。《通鉴》卷一九九“贞观十九年六月”条云：

上之克辽东也，白岩城请降，既而中悔。上怒其反覆，令军中曰：“得城当悉以人、物赏战士”，李世勣见上将受其降，帅甲数十人，请曰：“士卒所以争冒矢石，不顾其死者，贪虏获耳。今城垂拔，奈何更受其降，孤战士之心。”

足知将士奋勇杀贼，目的乃在俘获敌人为奴隶。所以每逢俘获，数目实为可惊，下举数例，可见一斑：

初，攻陷辽东城，其中抗拒王师，应没为奴隶者一万四千人，并遣先集幽州，将分赏将士，太宗愍其父母妻子，一朝分散令有司准其直（值），以布帛赎之，赦为百姓。（《旧唐书》卷一九九上《高丽传》）

昭宗大顺二年四月……赐两军金帛，赎所略男女，还其家。民年八十以上及疾不能自存者，长吏存恤。（《新唐书》卷一〇《昭宗本纪》）

……天子以高昌骄慢，使吾（侯君集）龚行天罚，令袭人于墟墓间，非问罪也。于是鼓而前……所向无敢当，

因拔其城，俘获男女七千，进围都城。（《新唐书》卷九四《侯君集传》）

胡贼五万掠宜春，诏轨讨之……大破之，斩首千级，获男女二万。（同上卷二〇《窦轨传》）

（薛仁贵）率兵击突厥……突厥相视失色，下马罗拜，稍稍遁去，仁贵因进击，大破之，斩首万级，获生口三万，牛马称是。（《新唐书》卷一一一《薛仁贵传》）

（贞观）十五年十一月，薛延陀、真珠、可汗……乃命其子大度设勒诸部兵，合二十万击突厥，思摩不能御……十二月，世勣败薛延陀于诺真水，捕获五万余，大度设脱走。（《唐会要》卷九四）

似此俘获，多者五万人，少亦七千。则终唐之世，二百九十年，征伐四方，干戈时起，东而高丽、百济，东北而奚、渤海、契丹、北而突厥，西而高昌、龟兹、党项、吐谷浑、吐蕃等，几于无国无战，无战不胜，无胜不俘获；俘获之数，真不胜记。

（三）掏略　掏略与俘获，形虽相似，实则不同，凡在战场上掳掠敌人为奴隶，谓之俘获；平时官吏势家，滥用权威，捕虏平民为奴婢，谓之掏略。《唐律疏议》卷二〇“略人略卖人条”云：“不和为略，十岁以下，虽和亦同略法。”又云：“略人者谓设方略而取之。”拘略之意，已阐明无遗。原来拘略良人为奴婢，大违人道，故历代法律，皆悬为厉禁。今举北魏言之，以概其余。《魏书·刑法志》引《盗律》云：“掠人、掠卖人为奴婢者，皆死。”此所谓“人”，即指良人而言。唐代对于拘略良人或奴婢为奴婢，亦有同样处罚。《唐律疏议》云：

1. 诸略人略卖人不和为略……奴婢者，绞；为部曲者，流三千里……（卷二〇“略人略卖人”条）

2. 诸略奴婢者，以强盗论；和诱者，以窃盗论。（卷二〇“和诱奴婢”条）

3. 诸知略、和诱、和同相卖及略、和诱部曲奴婢而买之者，各减卖者罪一等。（卷二〇“和诱和同相卖”条）

依第一项，略良人为奴婢，处以死刑；第二项，略奴婢为奴婢，流三千里；第三项，知略卖奴婢而买之者，亦流三千里。国家为制止拘略事件之发生，而设“死”“流”严刑。在理论上，拘略之风，似应绝迹，然事实上，却不如此。兹各书记载，略举之如下：

（顺宗）禁刺史……岭南、黔中、福建，掠良民为奴婢者……（《新唐书》卷七《顺宗纪》，《通鉴》卷一七亦有同样记载）

升平公主献女口。（同上）

郭尚书元振，始为梓州射洪尉，征求无厌，至掠部人为奴婢者甚众。（《唐语林》卷二）

（郭）代公为通泉县尉，掠卖千余人以供过客，天后异之，召见……（《唐摭言》卷四）

王君廓……尝遗玄道婢，乃良家子，为所掠，遣去不纳，由是始隙。（《新唐书》卷一〇二《李玄道传》）

此种拘略罪魁，皆为世家大族。公主乃皇室亲贵，郭元振为尚书，王君廓为都督。想当时法律，必无如之何。《新唐书》卷四三《张廷珪传》所谓“荆、益奴婢多国家户口，奸豪掠买，一入于官，永无免期”，可以参证。唐代势家，既如此拘略，则上行下效，各地之土豪劣绅，拘略良人为奴婢，必所难免。《唐会要》卷八六“奴婢”条云：

（文宗）太和二年十月敕，岭南、福建、桂管、邕管、安南等道百姓，禁断掠买饷遗良口……

岭南诸地，顺宗时，曾禁止掠卖人为奴。惟至文宗，此风未改，足知其掠卖风气之盛。此种奴婢，当时称为“南口”。南口本身，大约为夷獠种类，汉人略而卖之。同书同项，又有“西北缘边州县，不得畜突厥奴婢”之禁令。依以上类推，此突厥奴婢，大约亦由拘略而来，可名为“西口”；且不独边界为然，关内亦有之。《唐大诏令》卷五云：“关畿之内，掠夺颇多，遂令黔首之徒，或被丹书之辱”，可知略民为奴，边地关内，莫不皆然。嗟彼贱民！究不知茫茫大地，谁是乐土。

（四）卖买　卖良为奴，主因由于经济压迫。我国自井田制度打破之后，即发生人口卖买。唐代虽有贞观、开元之治，然国民经济，仍未安定，时受饥荒苛税之苦，鬻卖儿女。《唐大诏令》卷一〇九“禁岭南货卖男女敕”云：

> 岭外诸州居人，与夷獠同俗，火耕水耨，昼乏暮饥，迫于征税，则货卖男女，奸人乘之，倍讨其利，以齿之幼壮，定估之高下，窘急求售，号哭逾时。为吏者，谓南方之俗，夙习为常，适然不怪，因亦自利。遂使居人男女与犀象杂物，俱为货财。

此乃迫于征税，货卖男女，又《新唐书》卷五二《食货志》云："饥岁，室家相弃，乞为奴仆，犹莫之售，或缢死道途。"穷人偶遇饥岁，欲卖为奴而不可得，竟自经沟壑，情殊可悯。再有以生活压迫，先以子女典质，过期不赎，沦为奴婢，亦与卖买，殊途同归。《旧唐书》卷一六○《柳宗元传》云：（越人）以男女质钱，过期不赎，子本均，则没为奴婢。《柳宗元文集·童区寄传》亦云：越人少恩，生男女必货视之，自毁齿以上，父兄鬻卖以觊其利。虽只指岭南一带而言。然据《唐大诏令》记载，此种恶习，各地亦颇流行。

典卖奴婢，如勘问本非贱人，见有骨肉，证验不虚，其卖主并牙人等，节级科决。其被抑压之人，便还于本家。（卷五"改元天复赦"）

又《孙樵文集·读〈开元杂报〉》云：

自关以东，水不败田则旱败苗，百姓入常赋不足，至有卖子为豪家役者。

再《昌黎文集》卷四○《应所在典贴良人男女等状》

亦云：

> 右准律不许典贴良人男女作奴婢驱使，臣往任袁州刺史日，检袁州界内，得七百三十一人，并是良人男女……袁州至小，尚有七百余人，天下诸州，其数固当不少。

所谓“典卖”，即先典当，逾期不赎，降为奴隶之意。“如勘问，本非贱人”，可知在此典卖中，必有不少良人，掺杂在内。而所谓“天下诸州，其数固当不少”。则唐代社会，典贴买卖风气之盛，更溢于言表矣。

唐代贱民来源，除以上所述外，出于投靠者，谅亦不少。盖唐自均田制破后，加以赋税烦琐，人民颠连困苦，不惜投人为奴。《新唐书》卷五二《食货志》所谓“今富者万亩，贫者无容足之居，依托强家，为其私属”，又谓“征税皆出于下贫，至于依富为奴客”，可为一般之鉴。

## 三　贱民阶级之类别

唐代贱民阶级，大体上，可分为官贱民与私贱民两种，而官贱民又分为官奴婢、官户、杂户、工乐及太常音声人等。私贱民又分为私奴婢、部曲、客女、随身等，兹表列于后：

| 官贱民 | 私贱民 |
| --- | --- |
| 官奴婢 | 私奴婢 |
| 官户（番户） | 部曲 |
| 杂户 | 客女 |
| 工乐 | 随身 |
| 太常音声人 | |

此两种贱民，因隶属不同，所受待遇，自不一致；即在同一阶级中，官奴与官户，私奴与部曲，身份地位，亦不相同，阶级之中有阶级，卑贱之下有卑贱，内容复杂，区别为难，非分别述之不可。

（一）官贱民

1. 官奴婢　官奴婢，多为犯罪而来。总监之者，为尚书省刑部都官。《唐六典》卷六“都官”条云：

> 都官郎中、员外郎，掌配没隶，簿录俘囚，以给衣粮、药疗，以理诉竞、雪免，凡公私良贱，必周知之。

《新唐书》卷四八《百官志》（三）亦云：“官户奴婢有技能者配诸司，妇人入掖庭”，否则入司农寺，太子家令寺，殿中省，惟诸司用奴时，可由司农寺拨给，总其籍者，为都官。都官，为刑部四司之一，总监官贱民。各部需用奴隶，皆由司农寺拨给。《唐六典》卷六“都官”条云：

> 凡诸行宫与监、牧及诸王、公主应给者，则割司农之户以配。

然犯罪没官，不独在司农寺，即各处亦有之。《唐会要》卷八六“奴婢”条云：

> 如意元年，四月十七日敕，逆人家奴婢，及缘坐等色入官者，不须充尚食尚药驱使。

则殿中省之尚食、尚药局，亦有官奴婢。《唐六典》卷一二《内侍省》“奚官局”条亦云：“奚官局，令掌奚隶工役，宫官品命，丞为之贰”，则奚官局又另有官奴隶。都官总监之官奴婢，每岁仲冬月，即十一月，必将上月诸司送上之奴婢，亲自阅貌，《唐六典》卷六“都官”条云：

> 每岁孟春，本司以类相从而疏其籍以申。每岁仲冬之月，条其生息，阅其老幼而正簿焉。每岁十月，所司自黄口以

上并印臂，送都官阅貌。

详言之，即每年十月，诸司将黄口以上之奴婢，“印臂”送上都官，都官于第二月，即十一月，实行“阅貌”，及第二年正月，则造籍二通，一送尚书，一留本司。此于《唐会要》卷八六“奴婢”条，已有明白叙述：

> 其年（大历十四年）八月，都官奏，伏准格式，官奴婢，诸司每年正月，造籍二通，一通送尚书，一通留本司，并每年置簿、点身团貌，然后关金仓部给衣粮。

由此可知官奴婢之衣、食、粮、医药费，全由公家发给（详后）。大概太常寺支给药医，司农寺支给食粮，太府寺支给衣料。至其工作，则长期劳作，终年无番，后详论之。

2.官户　官奴婢被恩免者，则为官户。《唐六典》卷六“都官”条云：“一免为番户，再免为杂户，三免为良人，皆因赦宥所及则免之。”注云：诸律令格式有言，官户者，是番户之总号，非谓别有一色。《唐律疏议》，对此解释，尤为详尽。兹列举如下：

官户者亦谓前代以来，配隶相生，或有今朝配没，州县无贯，唯属本司。（卷三《名例三》）

官户隶属司农，州县元无户贯。（卷六《名例六》）

官户，亦是配没官，唯属诸司，州县无贯。（卷一二《户婚一》）

官户，亦隶属诸司，不属州县，亦当色婚嫁，不得辄娶良人。（卷一四《户婚三》）

归纳言之，约有以下三点：（1）官户为没配入官之罪人；（2）官户之籍，隶属本司，州县无籍；（3）官户当色相婚，禁止异色相娶。

至其与官奴婢不同之处，乃在“工作”与“受田”方面。《唐六典》卷六“都官”条云：“凡配官曹，长输其作；番户、杂户则分为番。”注云：番户一年三番，杂户二年五番，番皆一月，十六以上，当番请纳资者，亦听之，其官奴婢，长役无番也。

由此可知官奴婢，皆终年工作，长役无番。官户（番户）则仅一年三番。换言之，即每年仅做三月工作，倘因故，或不愿上番，亦可纳资以代，《新唐书》卷四六《百官志》（一）云：

不上番，岁督丁资为钱一千五百；丁婢、中男，五输其一，侍丁、残废半输。

又《唐六典》卷三“户部郎中”条云“凡官户受田，减百姓口分之半”，其数为二十亩。盖唐代口分田，一夫受田四十亩。官奴婢因为身羁官府，长役无番，自无受田之必要；同时亦无所谓“以资代番”。所以官贱民中，官奴婢之待遇，最为苛刻。

3.杂户　官奴婢再免为杂户，前已言之。据《唐律疏议》，解释杂户之意如下：

杂户者，谓前代以来，配隶诸司职掌课役，不同百姓，依令老免、进丁，受田，依百姓例，各于本司上下。（卷三《名例三》）

杂户者，前代犯罪没官，散配诸司驱使，亦附州县户贯，赋役不同白丁。（卷一二《户婚一》）

杂户配隶诸司，不与良人同类，止可当色相娶，不合与良人为婚。（卷一四《户婚三》）

归纳言之，可得以下七点：（1）杂户为配没入官之罪人；（2）杂户隶属诸司；（3）杂户当色相娶，不能娶良人；（4）杂户不长役，分番上下；（5）杂户之籍，附属州县；（6）杂户赋役，不同白丁；（7）杂户、老免进丁，受田同百姓。

第五与第七项，为杂户特有性质。其余第一、二、三项，全与官奴、官户相同。惟第四项虽与官户同，而与官奴婢异；不过番上数目，乃二年五番，即每二年有五个月上番，比官户一年三番，减轻几分。总之，杂户为官奴之再免者，籍附县州，及老免、进丁，则其身份，比诸良民，仅差一间，可称为准良民，不能与官奴官户同日而语。

4．工乐　工乐，乃为工乐户之简称。《唐会要》卷三十三“清乐户”条，曾有“乐户”名词，《唐六典》卷六“尚书刑部”条亦有“工乐户”之语。乐户之来源，大约由于罪人没官，《江行杂录》谓“天宝末，蕃将阿布思伏法，其妻配掖庭，因使隶乐工”，即可类推。《唐律疏议》对于工乐之意，更有明白之记载：

工、乐者，工属少府，乐属太常，并不贯州县。（卷三《名例三》）

工、乐，谓不属县贯，唯隶本司。（卷一七《贼盗一》）

其工、乐、杂户，官户依令当色为婚。（卷一四《户婚三》）

“工”属少府监之贱民。“乐”属太常之贱民。盖少府监为朝廷制造工艺品之官衙。工户即为其中之劳动者。《唐六典》卷二二“少府监条”云：

少府监之职，掌百工位巧之政令，总中尚、左尚、右尚、织染、掌冶五署之官属，庀其工徒，谨其缮作，少监为之贰。凡天子之服御，百官之仪制，展采备物，率其属以供焉。

至于太常寺之职掌，《唐六典》卷一四云：

太常卿之职，掌邦国礼部郊庙社稷之事，以八署分而理焉……四曰太乐，五曰鼓吹……凡国有大礼，则赞相礼仪，有司摄事，则为之亚献，率太乐之官属，设乐县以供其事。燕会亦如之。

此八署之工乐，隶于太乐署鼓吹署，凡在此二署习乐之人，统称为太常乐工，或太常乐人，《唐会要》所谓“乐户”大约指太常乐工，或太常乐人之户口而言。据《新唐书》卷一三《礼乐志》（三）所载，其人数亦不少：太中初，太常乐工五千余人，俗乐一千五百余人。

5. 太常音声人　据《唐大诏令》卷八一记载，太常音声人，本亦犯罪没官者，后以历代相承，遂成为官贱民之一。

> 太常乐人，今因罪谪入营署，习艺伶官，前代以来，转相承袭，或有衣冠继绪，公卿子孙，一沾此色，后世不改，婚姻绝于士类，名籍异于编氓，大耻深疵，良可哀愍。(《太常乐人蠲除一同民例诏》)

《唐律疏议》记载，尤为翔实。

> 太常音声人，谓在太常作乐者。元与工乐不殊，俱是配隶之色，不属州县，唯属太常，义宁以来，得于州县附贯，依旧太常上下，别名太常音声人。(卷三《名例三》)
>
> 太常音声人，依令婚同百姓……(卷一四《户婚三》)
>
> 其杂户、太常音声人，有县贯，仍各于本司上下，不从州县赋役者。(卷一八《贼盗二》)

太常音声人，原为乐户，隋末义宁年中，始自太常寺，移籍州县，成为别色，兹举其要点如下：

（1）太常音声人，乃犯罪没官者；

（2）太常音声人，隶属太常寺；

（3）太常音声人，州县附籍；

（4）太常音声人，婚同百姓；

（5）太常音声人，赋役不同州县；

（6）太常音声人，于本司上下。

第一项与其他官贱民全同，第二、四两项为其特色，第三、五两项与杂户同，第六项与官杂户亦同。所谓“于本司上下”，《唐六典》卷一四“太常寺太乐署”条，即其注脚：凡乐人及音声人，应教习，皆著簿籍，核其名数而分番上下。注云：短番散乐一千人，诸州有定数，长上散乐一百人，太常自访召。关外诸州者，分六番，关内五番，京兆府四番，并一月上；一千五百里外，两番并上。六番者，上日教至申时；四番者，上日教至午时。

《明皇杂录》谓：“玄宗在东洛，大酺于五凤楼下，命三百里内县令、刺史，率其声乐来赴阙……”。恐即为太常音声人，上番之实例。倘因亲病或不愿上番，亦可纳资或请旁人替代。《新唐书》卷四八《百官志》（三）“太常寺太乐署”条云：

散乐，闰月人出资钱百六十，长上者无复徭役，音声人纳资者岁钱二千。

《唐会要》卷三四《论乐》亦云：

音声人及乐户祖父母父母老病应侍者，取家内中男及丁壮好手者充，若无所取中丁，其本司乐署博士及别教子弟应充侍者，先取户内人及近亲充。

至其受田，据《唐律疏议》卷一七《问答上》云“杂户及太常音声人，名附县贯，受田进丁老免与百姓同”，亦与杂户相同，惟征徭杂科，悉被免除，《唐会要》卷三三云：

太常乐鼓吹散音声人，并是诸色供奉，乃祭祀陈设、严警卤簿等，须有矜恤，宜免征徭杂科。

总之，唐代官贱民，种类既殊，身份亦异，最上者为太常音声人，最下为官奴婢，兹作简表如下，以明其阶级次第。

（良人）——太常音声人——杂户——工乐——官户——官奴婢

至其身份地位，颇为复杂，除“犯罪没官”一项相同外，余皆不同。兹为阅者明了起见，列表于后：

| 种类 | 隶属 | 身份 | 特点 | 附注 |
| --- | --- | --- | --- | --- |
| 官奴婢 | 诸司 | 当色相婚<br>州县无籍 | 长役<br>无番 | |
| 官户 | 诸司 | 当色相婚，州县无籍，分番上下，受田二十 | 一年<br>三番 | |
| 杂户 | 诸司 | 当色相婚，州县附籍，分番上下，受田进丁，赋役异州县，老免同百姓 | 二年<br>五番 | |
| 工乐 | 少府<br>太常 | 当色相婚<br>州县无籍 | | |
| 太常音声人 | 太常 | 州县附籍，赋役异州县，分番上下，受田进丁老免同百姓 | 婚同百姓，一年四五六番 | 隋末始附籍州县 |

（二）私贱民

1. 私奴婢　私奴婢在军官势族方面，多自俘获拘略而来。在普通平民方面，则由卖买或质当而来。奴婢身为贱民，生育儿子，亦为贱民，仍归本主所有。《唐律疏议》云：

及生产蕃息者，谓婢产子，马生驹之类。（卷四《名例四》）

婢产子，谓之生产蕃息，则此子为主家所有，自无疑义。《释道世法·苑珠林》有“人家生婢子”之语，《汉书·陈胜传》注颜师古谓“奴产子，犹今（唐）人云家生奴”，更为显明。观其“婢”与“马”，“子”与“驹”，两两相举，则私奴婢身同畜产，又何待言。关于此事，《唐律疏议》屡见不鲜，姑举数例如下：

其奴婢同于资财，不从缘坐免法。（卷三《名例三》）

奴婢贱人，律比畜产。（卷六《名例六》）

奴婢既同资财，即合由主处分。（卷一四《户婚三》）

奴婢同资财，故不别言。（卷一七《贼盗一》）

……奴婢比之资财，诸条多不同良人，即非同流家口之例。（卷一八《贼盗二》）

奴婢既同畜产，则其身份，自与其他私贱民不同。同书又云：

奴婢、部曲，身系于主。（卷一七《贼盗一》）

诸与奴娶良人女为妻者，徒一年半；女家减一等，离之。其奴自娶者，亦如之。（卷一四《户婚三》）

再据《唐六典》上云：

凡卖买奴婢、牛马，用本司本部公验以立券。（卷二〇《太府寺》“两京诸市署”）

又《唐律疏议》卷一二释文云：

此等（部曲、奴婢）之人，随主属贯，又别无户籍。

由以上观之，私奴婢之特点有五：（1）律比畜产；（2）身系本主；（3）当色相婚；（4）有价卖买；（5）附籍本主。

除第二项、第五项与部曲相同外，余皆不同。严格言之，私奴婢不是“人”，简直是“畜类”。

2. 部曲及客女　梁任公《中国文化史稿》“奴婢”篇谓：部曲初由投靠而来，且多从事战争。至唐始变为贱民，形同奴隶，此大约根据《唐律疏议》云：

部曲，谓私家所有。（卷六《名例六》）

部曲奴婢，是为家仆，事主须存谨敬。（卷二二《斗讼三》）

部曲，不同资财，故特言之。部曲妻及客女，并与部曲同。奴婢同资财，故不别言。（卷一七《贼盗一》）

然据《新唐书》记载，却不尽然。

及征还朝廷，部曲散去……怀恩本臣偏将，其下皆臣之部曲……彼皆吾之部曲，缓之自当携贰。（《郭子仪传》，《旧唐书》亦有同样记载）

怀恩将士，皆子仪部曲……部曲以乡法焚而葬之。（《仆固怀恩传》）

（朱）泚死，休走凤翔，为其部曲所杀。（《源休传》）

可知唐代部曲，亦有从事战争者。盖此时部曲，内容复杂，固奴隶而军队，军队而奴隶者也。至其与奴隶之区别。《唐律疏议》云：

部曲及奴出卖，谓私奴出卖，部曲将转事人，各于千里之外。（卷一八《贼盗三》）

奴婢有价，部曲转事无估。（卷二五《诈伪》）

部曲谓私家所有。其妻，通娶良人、客女、奴婢为之。

（卷六《名例六》）

部曲娶良人女为妻。（卷一二《户婚一》）

所谓“奴婢有价，部曲转事无估”，即部曲奴婢杀人遇赦，为避免复仇，奴婢须出卖于千里之外；部曲不卖，只许转事他人，惟皆从本色。总而言之，部曲除系于私家，与私奴婢相同外，约有三个特点：（1）不同畜产；（2）转事无估；（3）妻娶良女。

至于客女，依《唐律疏议》上云：

客女，谓部曲之女，或有于他处转得，或放奴为之。（卷一三《户婚二》）

注云：若此之类，各为部曲，婢经放为良，并出妻者，名为客女（卷二二，王元亮释文）。同书又云：

此文不言客女者，《名例律》：称部曲者，客女同，故解同部曲之例。（卷一二《户婚一》）

由前之说，客女之由来为（一）部曲之女，（二）他处转得，（三）放婢为之。由后之说，客女于法律上，一同部曲，故其所受待遇，大体亦与部曲无异。

3. 随身　随身，乃由雇赁而来，有一定期限，《唐律疏议》卷二二释文云：

> 部曲、奴婢、客女、随身此等律有明文，加减并不同良人之例，然时人多不辨此等之目……二面断约年月，赁人指使，为随身。

至其地位，在社会上大致比部曲稍高一等。《唐律疏议》卷二〇《贼盗四》虽云：部曲、奴婢者，随身、客女亦同。然同书卷二五《诈伪》"诈伪律"条则云：

> （问曰）妄认良人为随身，妄认随身为部曲，合得何罪？
>
> （答曰）依别格：随身与他人相犯，并同部曲法，即是妄认良人为部曲之法。其妄认随身为部曲者，随身之与部曲，色目略同，亦同妄认部曲之罪。

随身与部曲，虽色目略同，但妄认之为部曲，依律徒二年，则其身份自比部曲稍高。然同时又与部曲同为奴兵，颇似今日之卫队。《新唐书》卷二二四上《李锜传》云：

锜得志，无所惮，图久安计，乃益募兵，选善射者为一屯，号“挽硬随身”，以胡奚杂类虬须者为一将，号“蕃落健儿”，皆绮腹心，廪给十倍，使号锜为假父，故乐为其用。

故由大体上观之，客女随身之地位，总与部曲无显著差异。因此在私贱民中，可大别为私奴与部曲二种。兹将其异同之点，表列于后：

| 种类 | 同点 | 异点 |
|---|---|---|
| 私奴 | 隶属本主 | 律比畜产　当色相婚　有价买卖 |
| 部曲 | 附籍主户 | 不同畜产　可娶良女　转事无估 |

贱民阶级之类别，既如上述，贱民中之差异，亦表列如上。惟官私贱民中，究竟有无异同，不能不加以研究，兹先就同点言之。《唐律疏议》上云：

奴婢不限官私，犯反逆者，止坐其身。（卷一七《贼盗一》）

若工乐官户，不附州县贯者，与部曲例，止坐其身，

更无缘坐。（同上）

殴伤良人者，（注云：官户与部曲同）加凡人一等。（卷二二《斗讼二》）

依此可知犯反逆罪，止坐其身，官奴与私奴，工乐官户与部曲，处罚相同，至于“殴伤良人”，官户与部曲处罚亦同，表列如下：

反逆罪：官奴婢=私奴贱

殴伤良人罪：工乐<br>官户 ＞ 部曲

在犯法受刑方面，官私贱民，固多相同，惟在（一）免罪，（二）告主，（三）赐田方面，则有显然之差异。《唐律疏议》卷二四《斗讼四》云：诸部曲奴婢告主，非谋反逆者绞。据此主人谋反，私奴告变，已为法律所允许。又《新唐书》上云：

俄召（来俊臣）为合宫尉，擢洛阳令，进司仆少卿，赐司农奴婢十人。以官户无面首，闻吐蕃酋阿史那斛瑟罗有婢，善歌舞，令其党告以谋反，而求其婢。（卷二〇九《来俊臣传》）

侯思止……为渤海高元礼奴，诡很无良。恒州刺史裴贞笞吏，吏积怨，教思止告舒王元名与贞谋反……拜思止游击将军。（卷一三四《侯思止传》）

《资治通鉴》上亦云：

是时告密者，皆诱人奴婢告其主，以求功赏。德妃父孝谌为润州刺史，有奴妄为妖异以恐德妃母庞氏，庞氏惧，奴请夜祠祷解，因发其事，下监察御史龙门薛季昶按之……（卷二〇五《武后纪》）

来俊臣为取吐蕃酋之婢，欲陷害其主，以官户无面首，乃使其党告之。此官贱民无告变之例也。侯思止本系私奴，以告舒王元名谋反，而身佩虎符。同书《裴寂传》亦谓“奴盗寂封邑钱百万，寂捕急，遂上变”，此私奴有告变之例也。又《唐律疏议》上云：

奴婢贱人，律比畜产，相杀虽合偿死，主求免者，听减。若部曲故杀同主贱人，亦至死罪，主求免死，亦得同减法……若是官奴自犯，不依此律。（卷六《官奴》“部

曲”条）

“官奴自犯，不依此例”。则官奴私奴，于免罪方面，所受待遇，自然不同。至于受田方面，《唐六典》卷三“户部郎中”“员外郎”条云：

凡官户受田，减百姓口分之半……贱口……其口分，永业不与焉。

所谓“贱口”，大约指私贱民而言。盖奴婢贱人，律比畜产，自无口分田与永业田之分。惟官户以地位不同，得受口分田。此官私贱民，在私权上所受待遇之不同也。兹将官私贱民异同之点，作简表如下，以殿本段：

| 事项 | 官贱民 | | 私贱民 | |
| --- | --- | --- | --- | --- |
| | 官奴 | 官户 | 私奴 | 部曲 |
| 反逆罪 | 同 | | 同 | |
| 殴良人 | | 同 | | 同 |
| 免罪 | 异 | | 异 | |
| 告主 | | 异 | 异 | |
| 受田 | | 异 | 异 | |

## 四　贱民阶级之使用状况

在讨论贱民阶级使用状况之前，当先叙及者，即唐代势家大族使用奴婢之多。当时政府，虽三令五申，限制势家用奴，《唐会要》卷八六“奴婢”条云：

（武后）永昌元年九月，越王贞破，诸家僮胜衣甲者千余人，于是限制王公以下奴婢有数。

所谓“奴婢有数”，大约如《通考》卷一一上所云：

武后大足元年，限制王公以下，奴婢多者二十人，少者一人。

至玄宗时，亦有同样且更明白地限制，《唐会要》卷八六“奴婢”条云：

其中有是南口及契券分明者，各作限约，定数驱使，虽王公之家，不得过二十人，其职事官，一品不得过十二人，二品不得过十人，三品不得过八人，四品不得过六人，五品不得过四人。京文武清官，六品、七品不得过二人，八品、九品不得过一人。

然限者自限制，增多者自增多，文武百官，所有奴婢超此而上者，比比皆是。《新唐书》云：

主（太平公主）侍武后久……天下珍滋谲怪，充于家，供帐声伎与天子等。侍儿曳纨谷者数百，奴伯妪监千人，陇右牧马至万匹。（卷八《诸帝公主传》）

李谨行，靺鞨人……累迁营州都督，家僮至数千，以赀自雄。（卷八《诸帝公主传》）

冯盎字明达，高州良德人……罗窦诸洞獠叛，诏盎率众二万为先锋……纵兵乘之，斩首千余级。帝诏智戴还慰省，赏予不可计，奴婢至万人。（卷一一〇《冯盎传》）

私家奴婢，多至万人，可知唐蓄奴风之盛。故名相如郭子仪，尚有家人（《苏氏演义》卷上云“俗呼奴为邦，今又以奴为家人也”）三千（《新唐书》卷一三七《郭子仪传》）。良吏如杨玚，常曰：“得田十顷，僮婢十人……足矣。”（《新唐书》卷一三〇《杨玚传》）甚至家徒壁立如崔郊之姑，亦有奴一人（《唐语林》卷四）。私人奴婢之多，既如此，官奴婢之类别又如彼，则使用状况，必极复杂。除工乐、太常音声人，名实相符，各有所司，无须缕述，及奴隶操劳家务，耕种田地，人所周知外，似非分项言之不可。

（一）在官衙服役　官奴婢之长役无番，及官户、杂户之分番上下，前已言之。然究做何工作，不能不加以说明，《新唐书》卷五六《刑法志》云：

> 谋反者，男女奴婢，没为官奴婢，隶司农，七十者免之。凡役，男子入于蔬圃，女子入于厨膳。
>
> 隶司农之官贱民，男人入于蔬圃，女子入于厨膳，同书（卷四八）

《百官志》亦云：

> 官户奴婢有技能者配诸司，妇人入掖庭，以类相偶，行官监牧及赐王公、公主皆取之。凡孳生鸡彘，以户奴婢课用。

“课养鸡彘”，亦为其工作之一。《唐六典》卷六“都官”条记载亦同，兹不赘。可知官户奴婢，有技能者入掖庭，无技能者始属司农诸司。至其在掖庭之工作，主要为缝级，同书《百官志》“内侍”条云：

妇人以罪配没，工缝巧者隶之。无技能者隶司农。诸司营作须女工者，取于户婢。

入于掖庭之女，称为宫女，其为缝级工作，《本事诗》亦云：

沙场征戍客，寒苦若为眠，战袍经手作，知落阿谁边，蓄意多添线，含情更著绵，今生已过也，重结后身缘。

宫女为战士缝袍，作此寄情诗。惟不独宫女为然，即少府之官贱民，亦多为缝级工作。《新唐书·刑法志》云：

轻罪及十岁以下至八十以上者、废疾、侏儒、怀妊皆颂系以待断，居作者著钳若校，京师隶将作，女子隶少府缝作。

官贱民之工作，大概如此。至其生活究系谁供给，须加以说明。所谓“太常寺给医药，司农寺给粮食，太府寺给衣料”，前已言之。兹据《唐六典》卷六“都官”条记载，更为明显详细。

> 凡配官曹，长输其作；番户、杂户则分为番。男子入于蔬圃，女子入于膳厨，乃甄为三等之差，以给其衣粮也。
>
> 注云：四岁以上为小，十一以上为中，二十以上为丁。春衣每岁一给，冬衣两岁一给，其粮则季一给。丁奴春头巾一，布衫袴各一，皮靴一量并毡。官婢春给裙衫各一，绢褌一，鞋二量；冬给襦、复、袴各一，牛皮靴一量并毡。十岁以下，男春给布衫一，鞋一量，女给布衫一，布裙一，鞋一量；冬，男女各给布襦一，鞋靺一量。官户长上者准此，其粮：丁口日给二升，中口一升五合，小口六合；诸户留长上者，丁口日给三升五合，中男给二升。

此种赐予，在司农寺之官贱民，即为长役无番（官奴婢），或分番上下（官户、杂户）之日常报酬。兹为简明起见，表列如下：

## 国家发给官贱民生活费表

<table>
<tr><td>丁奴</td><td>春</td><td colspan="3">皮鞋一　头布一　布衫一　布袴毡一</td><td>每岁一给</td></tr>
<tr><td>官婢</td><td>春</td><td colspan="3">裙一　衫一　绢襌一　鞋二</td><td>每岁一给</td></tr>
<tr><td></td><td>冬</td><td colspan="3">襦一　复一　袴一　毡一　牛皮鞋一</td><td>二岁一给</td></tr>
<tr><td rowspan="3">小（十岁以下）</td><td rowspan="2">春</td><td>男</td><td colspan="2">布衫一　鞋一</td><td rowspan="2">每岁一给</td></tr>
<tr><td>女</td><td colspan="2">布裙一　布衫一　鞋一</td></tr>
<tr><td>冬</td><td colspan="3">布襦一　鞋靺一</td><td>三岁一给</td></tr>
<tr><td rowspan="3">官户</td><td rowspan="3">日</td><td rowspan="3"></td><td>小</td><td>六　　合</td><td rowspan="3">每季一给</td></tr>
<tr><td>中</td><td>一升五合</td></tr>
<tr><td>丁</td><td>二　　升</td></tr>
<tr><td rowspan="2">诸户</td><td rowspan="2">日</td><td rowspan="2"></td><td>中</td><td>二　　升</td><td rowspan="2"></td></tr>
<tr><td>丁</td><td>三升五合</td></tr>
</table>

所谓小、丁奴及官婢，皆为官奴婢。而诸户，恐为官户、杂户之总称。盖官奴婢、官户、杂户，均隶司农寺，前已言之。再官奴婢有衣而无粮，官户杂户有粮而无衣，未免令人怀疑，兹据同书同条云：“诸官奴婢皆给公粮，其官户上番充役

者亦如之。”可知官奴婢，亦有公粮之发给。况官奴婢既无口分田，又长役无番，更非公粮不可。又据《新唐书·百官志》云：“给户奴婢番户杂户资粮衣服”，则番户、杂户，国家亦发给衣服。前文所云，不过举一反三耳。再不独隶于司农寺之官贱民，衣粮由官发给，即隶于作监少府太子家令寺、内侍省、奚官局之官贱民，及隶于少府太常之工乐与太常音声人，亦受同一待遇。例如太子家令寺官奴，《唐六典》卷二七曾云：

> 凡官奴婢及番户杂户，皆给其资粮及春冬衣服等，数如司农给付之法……

再官奴婢，虽是“长役无番”。然每逢节令，或有特别事故，亦可休假。《唐六典》卷六“都官”条云：凡元冬、寒食、丧婚乳免，咸与其假焉。注云：官奴婢元日、冬至、寒食放三日假，产后及父母丧婚，放一月，闻亲丧放七日。则每年至少给九日假，倘遇产后及丧婚事，可给一月假。惟此恩惠，奴婢一生，不过一二遇耳。

（二）充作军队　用奴为兵，东晋已有之。《晋书》卷七四一《庾翼传》云：

翼欲率众北伐……于是并发所统六州奴及车牛驴马，百姓嗟怨。

此种奴兵，别于部曲。部曲在唐本奴隶而军队，军队而奴隶，前已言之。唐代用奴为兵，史籍所载，不一而足，《新唐书》卷五〇《兵志》云：

郭子仪之婿端王傅吴仲孺，殖赀累巨万，以国家有急不自安，请以子率奴马从军，德宗喜甚……

同书卷一三三《郭虔瓘传》云：

郭虔瓘……迁凉州刺史、河西节度大使，进右威卫大将军。四年，奏家奴八人有战功，求为游击将军……

所谓“率奴马从军”“家奴八人有战功”及同书卷八八《裴寂传》：“寂率家僮破贼”，可知奴兵余勇可贾，建功疆场，或非国家军队可比。《唐会要》卷八六“奴婢”条云：

（则天）万岁通天元年九月敕，士庶僮仆有骁勇者，官酬主直（值），并令讨击契丹。

当时契丹首领李尽忠，攻陷营州，守兵不足防御，乃敕买私奴，以作抵抗，则奴兵胜于官兵，已成为不可讳之事实。又《全唐文》卷二一一陈子昂云：

臣伏见恩制免天下罪人又募诸色奴充兵讨击者，是捷急之计。

亦以招募奴兵，为“捷急之计”，由此可见当时奴隶参加战争，必定不少，再当时有所谓“家僮”，实与今日之卫队无异。《新唐书》卷一三七《郭子仪传》云：

朝恩又尝约子仪修具，元载使人告以军容将不利公，其下裹甲愿从，子仪不听，但以家僮十数往，朝恩曰：“何车骑之寡。”

“家僮”以下，继以“车骑”，必非僮仆长随，实如今日之卫队。同书《太宗诸子列传》云："冲斩以徇，众惧，遂溃，惟家僮数十从之……"又温大雅《大唐创业起居注》卷二云："帝（太祖）乃将世子及炖煌公等，率家僮十数巡营"，亦与此相同。总之，唐代贱民，应用颇广，出执干戈，入操家务，亦军队而奴隶，奴隶而军队也。

（三）用作赏赐　唐代奴婢，律比畜产，所以用作赏赐、卖买、赠予等，乃理所当然。兹分官贱民之赏赐与私贱民之赠予二项言之。

1. 官贱民之赏赐　此种事实，仅据《新唐书》记载，为数实属不少。兹举例如下：

> 辅公祐反，寇寿阳，诏孝恭为行军元帅讨之……江南平。玺书褒美，赐甲第一区，女乐二部，奴婢七百口，宝玩不赀。（卷七八《宗室列传》）
>
> 辅公祐据丹阳反，诏孝恭为帅，召靖（李靖）入朝受方略。副孝恭东讨……江南平……赐物千段，奴婢百口，马百匹。（卷九三《李靖传》）
>
> 帝（睿宗）嘉宪（睿宗嫡子）让，遂许之……以宪为雍州牧、扬州大都督、太子太师，实封至二千户，赐甲第、物段五千，良马二十，奴婢十房，上田三十顷。（卷八一《三

宗诸子列传》）

（姜确）战有功，玺书慰劳，还，为金城郡公，赐奴婢七十人，帛百五十段。（卷九一《姜确传》）

冯盎，字明达，高州良德人……罗、窦诸洞獠叛，诏盎率众二万为诸军先锋………纵兵乘之，斩首千余级，帝诏智戴还慰省，赏予不可计，奴婢至万人。（卷一一〇《冯盎传》）

以上之赏赐，多为战胜酬庸，数目多至万口，平时赏赐，如万安公主“有司给奴婢如令”（卷八《诸帝公主传》），马周“赐奴婢杂物”（卷九八《马周传》），张昌宗有司“给奴婢橐驼马牛”（卷一〇四《张昌宗传》），尤数见不鲜。至于赏赐宫人，《旧唐书》亦有记载：

张长逊……徙息国公，加赐宫人，彩千段。（卷五七《张长逊传》）

姜皎……赐宫女、名马及诸珍物，不可胜数。（卷五九《姜皎传》）

所谓“宫女”，即配没入掖庭之技能妇人，原为官贱民。

由此可知唐代朝廷，赏赐贱民，次数之多，及贱民功用之大。

2. 私贱民之赠予　私贱民之赠予，事实较少，为数亦不多，今据《唐语林》卷三云：

> 裴宽尚书罢郡西归汴中，日晚维舟，见一人坐树下，衣服故敝，召与语，大奇之……举船钱帛奴婢与之。

同书卷四亦谓“郑太穆郎中为金州刺史，一日忽致书于襄阳于司空頔……赐……奴婢各十人”。再有受朝廷赏赐奴婢，而以之转赠他人者，《新唐书》卷九九《李大亮传》云：

> 李大亮……以功赐奴婢百口……纵遣之。高祖闻，咨美，更赐俚婢二十……复赐奴婢百五十口，悉以遗亲戚。

私贱民赠予，最多不过百五十口，比诸官贱民，相差甚巨。此种原因，盖因物主所有，多少不同，故在使用上，现出丰啬之差异耳。

## 五　私奴婢卖买之状况

前所谓买卖，是本为良人，而卖之为贱民。今所谓买卖，是本为贱民，而当作货物买卖，唐代买卖奴婢，大约限于私贱民中之私奴婢。盖“奴婢有价，部曲转事无估”，前已言之。此种买卖，本为法律所公认。兹分述其买卖手续，买卖市场，及奴婢价格如下：

（一）买卖手续　此种手续，约分为二，第一立券，第二过贱。《唐大诏令》卷五“改元天复赦”云：

> 旧格买卖奴婢，皆须两京市署出公券，仍经本县长吏引检正身，谓之“过贱”，及向父母见在处，分明立文券，并关牒太府寺。

换言之，凡买卖奴婢，须立契约，交有司查验，方为有效。不然，应受相当处罚。《唐律疏议》卷二六《杂律》上云：

> 诸买奴婢马牛驼骡驴，已过价，不立市券，过三日，笞三十，卖者减一等。

想当时“过贱”（查验已卖之贱民），必收相当买卖税，即“奴捐”。不然，何必费此麻烦手续？且唐以前之东晋，唐以后之元，皆有类似“奴捐”之征收。《通考·田赋考》上云：

晋自过江后至于梁陈，凡货卖奴婢牛马田宅，有券率钱，一万输估四百入官，卖者三百，买者一百，无文券者，随物所堪，亦百分收四，名为散估。

《辍耕录》上云：

奴婢又有——红契，买到者，则其原主转卖于人，立券投税者是也。

东晋“奴捐”，值百抽四，唐代若干，确数难知，惟据《新唐书》卷一一四《崔从传》云：“扬州凡交易赀产奴婢，有贯率钱，畜羊有口算。”所谓“贯率钱”即每贯百分抽几。当时君主，曾视此税项，大开国库，设监征收。《新唐书》卷一一八《张廷珪传》云：

（武后）……诏市河南、河北牛马，荆益奴婢，置监登莱，以广军资（后张廷珪谏止）。

当时登州、莱州，为东口（新罗奴）贩卖市场（详后），“置监”，恐即为征收“奴捐”起见。

再据《唐六典》卷二〇《太府寺》“两京诸市署”条记载，奴婢卖买情况，颇为复杂。

> 凡卖买奴婢、牛马，用本司本部公验以立券，凡卖买不和而榷固（榷谓专略其利，固谓障固其市）及更出开闭，共限一价（谓卖物以贱为贵，买物以贵为贱）。若参市而规自入者，并禁之（谓在旁高下其价以相惑乱也）。

《唐律疏议》卷二六《杂律》“卖买不和”条云：“若参市，而规自入者，杖八十。”当时买卖，似有垄断奴价之商人，及接洽交易之市侩，奴婢贩卖，已成为专门商业，尽可批发零卖，收屯居奇，利市三倍，视19世纪欧人贩卖黑奴，无以异也。

（二）卖买市场　唐代略卖良人及货卖奴婢，既极盛行，则贩卖市场，势不可少，最著者为交、广、泉、荆、益、扬、登、莱等州，兹分别言之如下：

1. 交、广、泉三州　岭南诸州，货卖奴婢，前引《唐大诏令》，已经提及。兹据《柳宗元文集·童区寄传》云：

童区寄，柳州荛牧儿也。行牧且荛，二豪贼劫持反接，布囊其口，去逾四十里之虚（墟）所卖之。

《唐会要》卷八六“奴婢”条亦云：

（宪宗）元和四年闰三月敕：岭南、黔中、福建等道百姓，虽处遐俗，莫非吾民……公私掠卖奴婢，宜令所有长吏，切加提搦，并审细勘责，委知非良人百姓，乃许交关，有违犯者，准法处分。

再前引同书同条云：“（文宗）太和二年十月敕，岭南、福建、桂管、邕管、安南等道百姓，禁断掠买饷遗良口”，可知岭南道之交、广二州，及江南道之泉州（福建），为奴婢卖买市场所在之地。盖唐代广州、泉州及交州之龙编（今河内）商业繁盛，外商云集，梁任公《中国文化史稿》“都市”章曾言之。奴婢既“律比畜产”，自必求售于市，与百货同列。前引《唐大诏令》“遂使居人男女，与犀象杂物，俱为货财”，即足证明。至于黔中道（玄宗时由江南道分出），卖买市场，究在何处，尚待考证。

2. 荆、益两州　依前引《新唐书》卷一一八《张廷珪传》云：

> （武后）……诏市河南、河北牛马，荆益奴婢，置监登莱，以广军资……廷珪上书曰……荆益奴婢，多国家户口，奸豪掠买，一入于官。永无免期。

可知益州、荆州，必为奴婢贩卖场所。不然，武后何以向之市奴。且以益州而论，当时商业，居天下第二，备极繁盛。《新唐书》卷一〇七谓“蜀为两南一都会”，《大唐创业起居注》卷三亦谓“三蜀奥区，一都之会”。商业既然发达，卖买奴婢，自所难免。

3．扬州　唐代商场，扬州第一，益州第二，《通鉴·唐纪》卷七五“景福元年”条云：先是扬州富甲天下，时人称扬一益二。《唐会要》卷八六“市”条云：以广陵当南北大冲，百货所集。

扬州商业繁盛，梁任公《中国文化史稿》“都市”章言之颇详，兹不赘。

商业既然繁盛，自为奴婢最好销售之市场，前引《新唐书》卷一一四《崔从传》谓“扬州凡交易赀产奴婢，有贯率钱”，想其收入，必定不少。

4. 登、莱二州　海盗虏掠新罗人，以登、莱二州为销卖市场。《唐会要》卷八六“奴婢”条，有如下之记载：

（穆宗）长庆元年三月，平卢军节度使薛平奏：应有海贼詃掠新罗良口，将到当登莱州界及缘海诸道，卖为奴婢者……起今以后，缘海诸道，应有上件贼詃卖新罗国良人等，一切断禁……

国家下令禁止，恐系官样文章，并无实效。《新唐书》卷二二〇《东夷传》云：“遍中国，以新罗人为奴婢。”足见登、莱二州，卖买奴婢，生意之盛。无怪武后竟欲“置监”收税，以裕国库也。

唐代奴婢，既同畜产，则当时繁华都市，谅皆有买卖。以上所举，不过就管见所及耳。

（三）奴婢价格　奴婢价值，清代以年龄大小，决定价格高低，唐代亦然。前引《唐大诏令》云：

岭南诸州……迫于征税，则货卖男女，奸人乘之，倍讨其利，以齿之幼壮，定估之高下……

此虽指卖良为奴而言，然“以齿之幼壮，定估之高下”，大约良奴皆同，兹据《新唐书》卷一三四《杨慎矜传》云：

会婢春草有罪，将杀之。敬忠曰：“勿杀，卖之可市十牛，岁耕田十顷”，慎矜从之。

由此可知一婢价值，等于十牛；倘是一奴，或不止此，可惜著者尚未考查出之。兹将其卖买手续、市场及其价格纳捐，并列于下，以殿本节：

手续：立券，过贱（查验）。

市场：交、广、益、扬、泉、荆、登、莱等州。

价格：一婢等于十牛。

纳捐：有贯率钱。

## 六　贱民阶级之身份地位

“奴婢律比畜产”，前已言之。吾人若明了畜产在社会上所处之地位，则奴婢之身份地位，不言可知。所以当时误认良人为奴婢，必受严重处罚。《唐律疏议》云：

妄认良人为奴婢、部曲……者，以略人论，减一等（流

三千里）。（卷二五“妄认良人为奴婢”条）

诸错认良人为奴婢者，徒二年。（卷二六“错认良人为奴婢”条）

《唐国史补》卷下亦云：

陆兖公为同州刺史，有家僮遇参军，不下马。参军怒，欲贾其事，鞭背见血，入白兖公曰：“卑吏犯某，请去官。”公从容谓曰：“奴见官，不下马，打也得，不打也得，官人打了，去也得，不去也得。”参军不测而退。

奴见官不下马，本来“不打也得”，然参军偏要如此，则贱民身份地位之卑下，想已相习成风矣。兹从婚姻、刑罚及诉讼三方面叙述之：

（一）婚姻方面　贱民阶级除太常音声人外，有两种特别限制，第一“当色相婚”，第二“当色相养”。换言之，即严阶级之分，贱良不能通婚与相养。不然，必受法律严重处罚，《唐律疏议》云：

诸与奴娶人女为妻者，徒一年半，女家减一等，离之。

其奴自娶者，亦如之。（卷一四《户婚三》）

诸杂户不得与良为婚，违者杖一百，官户与良人女者亦如之。良人娶户女者亦如之。良人娶官户女者加二等。（卷一四《户婚三》）

即奴婢私嫁女与良人为妻妾者，准盗论；知情娶者与同罪，各还正之。（卷一四《户婚三》）

诸以妻为妾，以婢为妻者，徒二年。以妾及客女为妻，以婢为妾者，徒一年。各还正之。（卷一三《户婚二》）

若婢生子及经放为良者，听为妾。（同上）

贱民娶良女为妻，固然禁止。同时良人娶贱民为妻，亦非法律所许。若婢有子，及经放为良，只许为妾，不得为妻。此种婚姻限制，几乎成为中国民法上传统之法则。唐以后之《宋刑统》（“户婚”）、《元史·刑法志》（“户婚”）及《明律集解》（“婚姻”“婢”）条皆有同样规定。然法律上，虽禁止良、贱通婚，不过于处罚上多重贱轻良，故婢及客女等，多给主人随便蹂躏，《开元天宝遗事》云：

杨国忠于冬月，常选婢妾肥大者，行列于前，令遮风，盖借人之气相暖，故谓之肉阵。

所谓“肉阵”，简直视婢妾如被盖，侮辱女性，莫此为甚。至于养良人为子，处罚亦颇严重，《唐律疏议》律文云：

诸养杂户男为子孙者，徒一年半，养女杖一百，官户各加一等，与者亦如之。（卷一二《户婚一》）

若养部曲及奴为子孙者，杖一百。各还正之。（同上）

疏议：“杂户养官户，或官户养杂户，依户令，杂户、官户，皆当色为婚，据此即是别户为准法，不得相养，律既不制罪名，宜依不应为之法，养男从重，养女从轻，若私家部曲、奴、杂户、官户男女，依名例律……皆同百姓科罪。”

据此，则不独贱民，不能养良人为子，即贱民中亦不能互养为子，阶级森严，有如此也。

（二）刑罚方面　良贱阶级，唐代分别极严，法律多含有阶级性。所以刑罚上，自难得其平。同犯一罪，良贱处罚，截然不同。兹据《唐律疏议》记载，列举如下：

诸部曲殴良人者（官户与部户同），加凡人一等（加者加人于死），奴婢又加一等。若奴婢殴良人折跌肢体及瞎其一目者，绞；死者，各斩。（卷二二《斗讼二》）

其良人殴伤杀他人部曲者，减凡一等，奴婢又减一等。若故杀部曲者，绞；奴婢，流三千里。（同上）

诸奴婢有罪，其主不请官司而杀者，杖一百。无罪而杀者，徒一年。（同上）

诸主殴部曲至死者，徒一年，故杀者，加一等。其有愆犯，决罚致死及过失者，各勿论。（同上）

诸部曲、奴婢过失杀主者，绞；伤及詈者，流。（同上）

诸部曲、奴婢詈旧主者，徒二年；殴者，流二千里；伤者，绞；杀者皆斩；过失杀伤者，依凡论。（卷二三《斗讼三》）

在此六条之中，良、贱不平等，约有四点。

（1）部曲、奴婢杀良人死罪，良人杀贱民者减一等，即流三千里；

（2）部曲、奴婢过失杀主者绞，良人杀奴婢流三千里；

（3）奴婢殴良人折跌肢体者绞，诸主殴部曲至死，徒一年；

（4）奴有罪，主杀之，不请于官者，杖一百，倘若请官，即为无罪。

又引文第六条，所谓旧主，即经放奴为良之人，论理已与奴无关系，然处罚仍然不同，足见阶级名分之尊严，终身不变也。至犯奸淫案，主奴处罚亦各不同，《唐律疏议》律文云：

> 诸奸者，徒一年半，有夫者，徒二年。部曲杂户官户奸良人者，各加一等。即奸官私婢者，杖九十（奴奸婢亦同）。（卷二六《杂律一》）
>
> 奸他人部曲妻、杂户官户妇女者，杖一百。强者，各加一等。折伤者，各加斗折伤罪一等。疏议云：奸己家部曲妻及客女，各不坐。（同上）
>
> 诸奴奸良人者，徒二年半；强者，流，折伤者，绞。（同上）
>
> 其部曲及奴，奸主及主之期亲，若期亲之妻者，绞，妇女减一等，强者，斩。（同上）

据此则奴犯奸案，处罚极重约分为三点：（1）奴奸婢杖九十；（2）奴奸良人徒二年半；（3）奴奸主绞。

反之主犯奸案，情形大异，亦分为三点：（1）良人相奸徒一年半；（2）良奸他人部曲等妇女，杖一百；（3）奸己家部曲妻等不坐。

两相比较，奴奸主则绞，主奸奴妻婢则不坐，一“绞”，一“不坐”，何啻天壤之别。欧洲中古，地主对于农奴妻子，有“初夜权”。唐代法律，如此优待主人，主人纵不有“初夜权”，恐奴妻客女，亦与之莫大便宜也。

诸主无故杀奴，只徒一年，律有明文。所以唐代主家，无故或因细过，杀奴之事，屡见不鲜。

> 窦轨……戒家奴毋出外，忽遣奴取浆公厨，既而悔焉，曰：“要当借汝头以明法。”命斩奴，奴称冤……（《新唐书》卷九五《窦轨传》）
>
> （张）直方至，宣宗……下迁骁卫将军，奴婢细过辄杀。（同上卷二一二《张直方传》）
>
> 奴私侍儿，询将戮之，奴惧，结牙将作乱，夜攻询，灭其家。（同上卷一三二《沈询传》）

平心论之，张直方以细故杀奴，犹可说也。窦轨自遣奴出外取浆，反谓为犯法，执而杀之，实属无道。按律，犯法者，轨也。轨纵不自绳，亦不应处奴以死罪。在法律上，明白规定，奴奸婢者杖九十，何况又为和奸而非强奸，沈询直欲法外用刑，加以死罪，故无怪其反也。

至于奴杀主，则认为大逆不道，纵遇国家特赦，亦不在赦例。《唐大诏令》云：

武德元年……自五月二十日昧爽以前，罪无轻重……皆赦除之。子杀父，奴杀主，不在赦限。（《神尧即位赦》）

《新唐书》卷八五《窦建德传》亦云：

滑州刺史王轨为奴所杀，奴以首奔建德，建德曰："奴杀主，大逆，纳之不可不赏，赏逆则废教，将焉用命？"命斩奴而反轨首。

奴本有功于建德，惟在此主奴阶级森严之下，反受牺牲，嗟哉贱民。

（三）诉讼上　唐代良奴诉讼，虽有明文规定。惟实际上，矛盾多端，兹据《唐律疏议》律文记录如下：

部曲、奴婢为主隐：皆勿论。疏议云，"部曲、奴婢，主不为隐，听为主隐，非谋逆以上并不坐"。（卷六《名例六》）

按"同居相为隐"，本为唐律原则。惟遇谋反、谋叛、谋大逆三大事，则奴不得为主隐，必诉于官。不然，万一事发，则同没入官。然若除此三大事，奴隶诉主，亦受死罪。《唐律疏议》云：

> 诸部曲、奴婢告主，非谋反、逆、叛者，皆绞；告主之期亲及外祖父母者，流。（卷二四《斗讼四》）

至于主告奴，且为诬告，该得何罪？同书又云：

> 其主诬告部曲奴婢者，即同诬告子孙之例，其主不在坐例（同卷同条）。

主诬告奴，既不在坐例，若非诬告，更不用说矣。

法律虽如此规定，然奴告主，纵是谋反，谋逆，亦“官官相护”，奴反受罪。《新唐书》卷九七《魏暮传》记载，即足证明：

> 大理卿马曙有犀铠数十首，惧而瘗之。奴王庆以怨告曙藏甲有异谋，按之无它状，投曙岭外，庆免。议者谓奴诉主，法不听，暮引律固争，卒论庆死。

奴隶告主，律有明文，惟议者反谓“奴诉主，法不听”，究不知何所据而云然。可知唐代社会，乃以“入主出奴”为原则，固不斤斤于法律也。

兹为简便起见，综合主奴处罚不平等之事项，表列如下：

| 事项 | 奴隶 | 良人 | 附注 |
| --- | --- | --- | --- |
| 杀害 | 死 | 徒一年 | |
| 殴伤 | 绞 | 流三千里 | 殴良人折肢及瞎目 |
| 奸淫 | 绞 | 不坐 | |
| 诉讼 | 绞 | 不坐 | |
| 赦免 | 不免 | 得免 | 缘坐法 |

然贱民身份，虽然卑下，不过遇本主势盛一时，亦常狐假虎威，欺侮良人，以下记录，可为一般之鉴：

成安公主夺民园，不酬值，朝隐取主奴杖之。(《新唐书》卷一二九《李朝隐传》)

时大行将蒇陵事，禁屠杀，尚父郭子仪家奴宰羊。(同书卷一三〇《裴谞传》)

张易之家奴，凌暴百姓，横甚，元忠笞杀之。(同书

卷一二二《魏元忠传》)

不过此举，总非贱民之幸，盖凭势侮良，取得财物，不一定归为己有，惟发生祸端，则一身承当。所谓“小人得势，自忘形秽”，可笑亦复可怜也。

## 七　贱民阶级之解放运动

唐代贱民，既如此其多，所受待遇，又如此其苛，然本主中，不乏仁慈；贱民中，亦不少英杰，起而为解放运动。解放运动之方式，约分为被动与自动两种。被动之解放，又分为（一）国家及本主恩免，（二）主亡及老免两种。自动之解放，亦分为（一）逃亡，（二）叛变两种。兹分述之如下：

（一）被动之解放

1. 国家及本主恩免。此种恩免，只限于官贱民。唐代官贱民之解放，经三个阶级，即前所谓“一免为番，再免为杂户，三免为良人”是也。此种制度，至元改为“一免为良人”。按唐太宗初即位，即放宫女三千余人，后世传为美谈。兹列举唐代国家恩免之情况，如下：

太宗贞观二年三月……遣御史大夫杜淹巡关内诸州。

出御府金宝，赎男自卖者，还其父母。（《旧唐书·太宗本纪》）

敬宗……放掖庭内园没入者。（《新唐书》卷八《敬宗本纪》）

文宗……出宫女三千，省教坊乐工翰林伎术冗员千二百七十人。（同上卷八《文宗本纪》）

文宗……出宫女千人。（同上）

至于本主恩免，例亦不少，爰录之如下：

罗让累迁至福建观察使，兼御史中丞，甚著仁惠，有以女奴遗让，让访其所自曰：本某寺家人兄姊九人，皆为官所鬻，其留者唯老母自，让惨然焚其书，以归其母。（《太平御览》卷五〇〇《人事部·奴婢》）

武德五年，安州刺史李大亮以破辅公祐功，赐奴婢百人，大亮曰："汝辈多衣冠子女，破亡至此，吾亦何忍以汝为贱隶乎。"——皆放还。（《唐会要》卷八六"奴婢"条）

（韩公）请烧弃佛骨，疏入，贬潮州刺史，移袁州刺史，百姓以男女为人隶者，公皆计，佣以偿其值而出归之。（《李翱文集·故政议大夫行尚书吏侍郎上柱国赐紫金鱼袋赠礼

部尚书韩公行状》）

所谓“丹书”，乃官贱民籍，由来已久，《左传·襄公二十三年》谓“裴豹隶也，著于丹书”。《唐大诏令》卷五“改元天复赦”亦有“丹书之辱”之语。故贱民解放为良，在官奴方面必毁丹书，在私奴方面，必除附籍。唐代私奴，除附籍之手续，《唐律疏议》卷一二《户婚一》规定如下：

诸放部曲为良，已给放书，而压为贱者徒二年。若压为部曲及放奴婢为良，而压为贱者，各减一等……疏议云：依户令放奴婢为良及部曲客女者，并听之，皆由家长手书，长子以下连署，仍经本署申牒除附。

据此则私奴被放为良，须经三道手续，第一家长予手书，第二长子以下连署，第三本署申牒除附，方为合法。倘不依此手续，诈除名者，律有明文，须受处罚。

诸诈自复除者，诈死及诈去工乐杂户者，徒三年。疏议云：……诈去工乐杂户等名字者，徒二年，其太常音声人，州县有贯，诈去音声人名者，亦同工乐之罪。（《唐律疏议》

卷二五《诈伪》）

足知唐代贱民，无论官私，一“进”一“放”，皆有一定之程序，不可混忽轻视。倘经放为良，不改本行，亦受处罚，《唐律疏议》卷四《名例四》疏议云：

工乐杂户之类，会赦之后，经责簿帐，即须改正，不改正，亦如本犯之律。

2. 主亡及老免　倘遇本主死亡，或本身年老，皆可免为良人。《新唐书》卷五一《食货志》（一）云：

武宗即位，废浮图法，天下毁寺四千八百，招提兰若四万，籍僧尼为民二十六万五千人，奴婢十五万人，田数千顷。

此为本主丧亡，解放为良之例，前引《唐六典》卷六“都官”条云：

一免为番户，再免为杂户，三免为良人，皆因赦宥所及则免之。年六十及废疾，虽赦令不该，并免为番户；七十则为良人，任所居乐处而编附之。

此为老免之例。六十及残疾者免为番户，七十者免为良人。

至于贱民解放后之善后办法，国家亦妥为筹措，据《新唐书》卷五一、五二《食货志》记载，约分为三项（文长不录）。

（1）奴婢纵为良人，给复三年；

（2）浮民、部曲、客女、奴婢，纵为良者，附宽乡；

（3）武宗即位，废浮图法……腴田鬻钱送户部，中下田给寺家奴婢。

盖贱民于解放前，多系无产阶级，一经解放，倘不善为其后，岂不置之于死地，或逼之走险。所以附宽乡，给田亩及复三年之办法，自为解决贱民生活必不可少之图。

（二）自动之解放

1. 逃亡　贱民如此受压迫，稍有志气者，绝难忍受，倘有机可乘，当然“三十六计，走为上计”。不然，即发生暴动，打倒统治者。兹先叙其逃亡事实如下：

代宗纂业之始……元载专政……及载受戮，而逸奴为

平卢军卒。(《杜阳杂编》卷二)

李宜得本贱人，背主逃，当玄宗起义，与王毛仲等立功，宜得官至武卫将军，旧主遏诸途，趋而避之，不敢仰视……(《朝野佥载》)

官奴曹达犯罪，(王)勃匿之，既惧事泄，杀达灭口，事觉当诛，会赦除名。(《全唐文》卷一七七“王勃”)

惟法律上，对于贱民逃亡及藏匿之者，处罚颇严。《唐律疏议》云：

若得逃亡奴婢，不送官而卖者，以和诱论；藏匿者减一等，坐之。即私奴婢买子孙及乞取者，准盗论，乞卖者，与同罪。(卷二〇《贼盗四》)

诸官户官奴婢亡者，一日杖六十，三日加一等(部曲私奴婢亦同)。主司不觉亡者，一口笞三十，五口加一等，罪止杖一百。故纵官户亡者，与同罪；奴婢，准盗论。即诱导官私奴婢亡者，准盗论，仍令备偿。(卷二八《捕亡》)

诸部内容止他界逃亡浮浪者，一人里正笞四十，四人加一等；县内，五人笞四十，十人加一等。州随所管县通

计为罪。各罪止徒二年，藏官户部曲奴婢亦同。（同上）

足见当时奴婢逃亡之多，国家为防微杜渐，乃设此严刑，“官户官奴婢逃亡者，一日杖六十，三日加一等”，至于私贱民方面，则无法律规定，概由本主自由处置，盖“奴婢既同资财，即合由主处分”，本为国法所许。因此私奴逃亡，不幸中途拿获，处罚较为严重。《朝野佥载》上云：

筋断须续者，取旋覆根绞取汁。以根相对，以汁涂面而封之，即相续如故，蜀儿奴逃走，多刻筋，以此续之，百不一失。

私奴逃走捉回，处罚至于刻筋，亦云惨矣。

2. 叛变　贱民有机可乘，除逃亡外，必起来革命，称为“奴变”。古代罗马奴变之事，时常发生，就中以斯巴达克斯（Spartacus）之变，势力最大，几达到解放目的。唐代奴变，《新唐书》卷九〇《丘行恭传》有重要之记载，爰录之如下：

行恭有勇，善骑射。大业末，与兄师利聚兵万人保郿城，人多依之，群盗不敢窥境。后原州奴贼围扶风，太守窦琎坚守。贼食尽，无所掠，众稍散，归行恭。行恭遣其酋说贼共迎高祖，乃自率五百人，负粮持牛酒诣贼营，奴帅长揖，行恭手斩之，谓众曰："若皆豪杰也，何为事奴乎？使天下号曰'奴贼'。"众皆伏曰："愿改事公。"

此"奴贼"与明末"奴变"，含有同样意义，皆为反抗统治者之压迫，谋自由解放而奋斗。倘行恭不以小惠——负粮牛酒往——诱之，恐不致如此结局。《大唐创业起居注》卷三亦有奴变之记载：

（义宁元年）十二月，陇西金城郡奴贼薛举等，破贼率唐弼于扶风，自称天子。初，弼遣使诣帝归款，投状扶风郡，而为薛举所围，帝遣援兵往扶风，未至，弼党在郡城外为举所图。

薛举为奴贼领袖，自称天子，声势浩大。倘能守西陲半壁天下，则中国历史必起一大转变也。再《新唐书》卷一〇〇《韦弘机传》亦云：

（高宗）太子弘薨，诏蒲州刺史李冲寂治陵，成而玄堂院，不容终具，将更为之。役者过期不遣，众怨，夜烧营去。

此役者或为番户杂户之官贱民。盖此种人，分番上下，有一定时期，倘及瓜不代，势必发生暴动，故亦可称为奴变。

唐代之“奴贼”“奴变”，皆被压迫者要求解放。可惜素少训练，终归失败。

再除逃亡叛变外，“赎身”亦为自动解放之一。《唐会要》卷八六“奴婢”条云：

山南江淮间，寺家奴婢，比来有敕厘革，或有父母赎男女将归，岁月既深，今虽搜检，情非违敕，事恐扰人。

即此一端，可想当时父母，为子女赎身，或自己赎身，以求解放者，必定不少。

奴婢既然“律比畜产”，即如今日经济学所谓“生产手段”。盖生产手段，约分为三类：

（1）哑巴之工具：无生命工具，如斧头、刀、锯等；

（2）半哑巴之工具：虽有生命，而不能充分发表其感情之生物，即家畜等；

（3）能言语之工具：有说话能力之人类工具，即奴隶。

唐代贱民，除工乐、太常音声人外，即被视为生产手段，则上自国家，下及平民，必视为不可缺少之物。所以当时势家大族，使用贱民之多，与俘获掠卖风气之盛，全为此故。前引《唐律疏议》云：

> 奴婢贱人，律比畜产，相杀虽合偿死，主求免者，听减。若部曲故杀同主贱人，亦至死罪，主求免死，亦得同减法。（卷六《名例六》）

杀人本当抵命，然贱民相杀，尽可法外施恩，此并不是优待贱民，实乃惠及奴主。盖一奴被杀于前，一奴受刑于后，奴主之生产工具，损失太大，故统治者（多半属于奴主），为顾全利益起见，乃定此通融法规。且唐代社会，劳动人少，坐食人多，贱民为劳动之中坚分子，更不可一日无之。《新唐书》卷一四六《李吉甫传》云：

> 国家自天宝以来，宿兵常八十余万，其去为商贩、度为佛老、杂入科役者，率十五以上。天下常以劳苦之人三，

奉坐待衣食之人七。

所谓“劳苦之人三，奉坐待衣食之人七”，则唐代二百九十年之天下，端赖贱人维持，不言可喻。惟当时不加以爱护，且施以种种虐待，律比畜产，生杀由人，可慨也夫！

## 第二节　娼妓阶级

### 一　娼妓之起源

我国娼妓之起源，大概胚胎于周襄王时代，齐国管仲之设女闾，即其始作俑者。《战国策》卷一《东周》引周文君云：齐桓公宫中七市，女闾七百。

按《周礼》“五家为比，五比为闾”，则一闾为二十五家。管仲设女闾七百，为一万七千五百家，人数之多，殊未可信。管仲相齐谋霸业，设此女闾，其意云何？《五谷颂》云：

> 昔秦始皇之法，夫为寄豭，杀之无罪，女为逃嫁，子不得母，至今日而俨然与衣冠宴会之列，不亦辱法纪而羞当世之士哉！忆是法也，谁为作俑？管子之治齐，为女闾七百，征其夜合之资，以佐军国……

是则管仲之设女闾，等于后世之有花捐也。

我国娼妓制度，既自“女闾”开其端，自此以后，无代无之。唐承六朝金粉之后，娼妓之多，空前未有。约分家妓、公妓两种。长安都城中，有所谓“北里”、“平康里”与“教坊”者，即为当日风流渊薮。此外繁盛之城邑，亦无不有妓女，托足其间。所以有唐一代，文武百官，学士才子，类多寻花问柳，流连忘返，恬不为怪。吾尝读唐人诗集，每遇风流韵事，兴趣盎然，爰作此篇，探讨唐代社会娼妓阶级生活之概况。

## 二　家妓之生活状况

家妓起源，在战国时代。赵吕不韦，曾以家姬，赠秦公子子楚。《史记》卷八五《吕不韦列传》云：

> 吕不韦取邯郸诸姬绝好善舞者与居，知有身。子楚从不韦饮，见而说之，因起为寿，请之。吕不韦怒，念业已破家为子楚，欲以钓奇，乃遂献其姬。姬自匿其身，至大期时，生子政。子楚遂立姬为夫人。

“邯郸诸姬”，本属官妓，不韦纳之，畜于家中，以供个人娱乐，遂为家妓之滥觞。迨及汉代，孝武卫皇后子夫及孝成赵皇后飞燕，亦系先为家妓，而后被召入宫。《汉书》卷九七上《外戚列传》云：

> 孝武卫皇后，字子夫，生微也。其家号曰卫氏，出平阳侯邑。子夫为平阳主讴者（师古曰：齐歌曰讴）。武帝即位，数年无子，平阳主求良家女十余人，饰置家。帝祓霸上，还过平阳主，主见所偫美人（师古曰：偫，储偫也），帝不说，既饮，讴者进，帝独说子夫。帝起更衣，子夫侍尚衣轩中，得幸……主因奏子夫送入宫。

同书卷九七下《外戚列传》亦云：

> 孝成赵皇后，本长安宫人（师古曰：本宫人，以赐阳阿主家。宫人者，省中侍使官婢，名曰宫人，非天子掖庭中也）。初生时，父母不举，三日不死，乃收养之。及壮，属阳阿主家，学歌舞，号曰飞燕。成帝尝微行出，过阳阿主作乐，上见飞燕而说之，召入宫，大幸。有女弟，复召入。俱为倢伃，贵倾后宫。

子夫、飞燕，初为他人家妓，学习歌舞，以供娱乐，后为皇帝赏识，纳之入宫，贵至皇后，亦云幸矣。唐代皇亲懿戚，公卿百官，以及骚人墨客，莫不养家妓，以供娱乐，以待宾客。故其身份介于婢与妾之间，且兼优伶性质。《云仙杂记》云：

李龟年至岐王宅，闻琴声曰："此秦声"。良久又曰："此楚声。"主人入问之，则前弹者，陇西沈妍也；后弹者，扬州薛满，二妓大服。

龟年闻琴声，即能辨别家妓之籍贯，允称惯家，因龟年本伶工也。《云溪友议》亦云：

居易有妓樊素善歌，小蛮善舞，尝为诗曰："樱桃樊素口，杨柳小蛮腰。"年既老，而小蛮丰艳，因为《杨柳枝词》以托意云。

《容斋随笔》卷一"乐天侍儿"条云：

世言白乐天侍儿，唯小蛮、樊素二人，予读集中《小庭亦有月篇》云："菱角执笙簧，谷儿抹琵琶，红绡信手舞，紫绡随意歌。"自注曰："菱谷紫红，皆小臧获名。"若然，则红紫二绡，亦女奴也。

白乐天为唐代著名诗人，风流倜傥，家妓之美艳，命名之新颖，想非他人所及，然若论数目之多，则不能不推孙逢年。《云仙杂记》云：

> 长安孙逢年，醉无虚日，妓妾曳绮罗者二百余人。晚年衰惫，齿皆蚛龋，空虚如楼阁，而旧好不衰。

家中畜妓，至“二百余人”，不啻开美女展览会。

家妓之生活，除歌舞以供主人娱乐外，尚为主人待宾客，或侑酒。《白香山诗集·白乐天夜宴醉后留献酒侍中》诗云：

> 九烛台前十二姝，主人留醉任欢娱，翩翻舞袖双飞蝶，宛转歌声一索珠。坐久欲醒还酩酊，夜深初散又踟蹰，南山宾客东山妓，此会人间曾有无。

“此会人间曾有无”，可见彼等杯盘狼藉之余，左顾右盼，眉飞色舞之状。又《与牛家妓乐雨夜合宴》诗云：

玉管清弦声旖旎，翠钗红袖坐参差；两家合奏洞房夜，八月连阴秋雨时；歌脸有情凝睇久，舞腰无力转裙迟；人间欢乐无过此，上界西方即不知。（见《香山诗集》）

“舞腰无力转裙迟”，座上佳客，只知“人间欢乐无过此”，焉知家妓跳舞之苦。李商隐《席上作诗》云：

淡云轻雨拂高唐，玉殿秋来夜正长；料得也应怜宋玉，一生唯事楚襄王。自注云：“余为桂州从事，故郑公出家妓，令赋高唐诗。”（见《才调集》）

《本事诗·情感第一》又云：

刘尚书禹锡，为苏州刺史，李司空慕刘名，尝邀至第中，厚设饮馔，酒酣，命妓妙歌以送之。刘于席上赋诗曰：“高髻云鬟宫样妆，春风一曲杜韦娘，司空见惯浑闲事，恼乱苏州刺史肠。”李因以妓赠之。

“司空见惯浑闲事”，可见当时宴会中，以家妓侑酒，如家常便饭也。同书《高逸第一》亦云：

杜牧为御史，分司东都时，李司徒罢镇闲居，家妓豪华，为当时第一。洛中名士，咸谒见之。李乃大开筵席，当时朝客高流，无不臻赴。以杜持宪，不敢邀至。杜遣座客达意，愿与斯会。李不得已驰书。方对花独酌，亦已酣畅，闻命遽来，时会中已饮酒，女奴百余人，皆绝艺殊色，杜独坐南行，瞪目注视，引满三卮，问李云："闻有紫云者，孰是？"李指示之，杜凝睇良久，曰："名不虚传，宜以见惠。"李俯而笑，诸妓亦皆回首破颜。杜又自饮三爵，朗吟而起曰："华堂今日绮筵开，谁唤分司御史来？忽发狂言惊四座，两行红粉一时回。"意气闲逸，旁若无人。

杜牧为李司徒之上司，形拘势禁，宴会中，不敢邀致，讵知杜氏不以为然，自请赴席，且毫无拘束，恣意怡情。初则"凝目而视"，继则破口相问，终则请以"见惠"，"意气闲逸，旁若无人"，已不知凰宪为何物矣。《容斋随笔》"裴晋公禊事"条云：

唐开成二年三月三日，河南尹李待价，将禊于洛滨，前一日启留守裴令公，公明日召太子少傅白居易，太子宾客萧籍、李仍叔、刘禹锡、中书舍人郑居中等十五人，合宴于舟中，自晨及暮，前水嬉而后妓乐，左笔砚而右壶觞，望之若仙，观者如堵。裴公首赋一章，四坐继和，乐天为十二韵以献，见于集中，今人赋上巳，鲜有用其事者。

此一胜会，皆属当时之名人，群贤毕至，满座高朋，“自晨及暮”，不为不久，“前水嬉而后妓乐”，不为不风流，“左笔砚而右壶觞”，不为不尽兴，无怪乎“望之若仙，观者如堵”。惜一班家妓，随人欢笑，应接不暇，不知“为谁辛苦为谁忙”？

家妓既为交际场中不可少之物，故常有以家妓缺少或丑陋，不足以娱宾客，至夺人之妓或妻，以为己有者。《本事诗·情感第一》云：

太和初，有为御史，分务洛京者……有妓善歌，时称尤物。时太尉李逢吉留守，闻之，请一见，特说延之，不敢辞，盛妆前往，李见之，命与众姬相面。李妓且四十余人，皆处其下。既入，不复出……信宿绝不复知，怨叹不能已，为诗两篇投献。明日见李，但含笑曰，“大好诗”，遂绝。诗曰：“三山不见海沉沉，岂有仙踪尚可寻；青鸟去时云路断，嫦娥归处月宫深；纱窗暗想春相忆，书幌谁怜夜独吟；料得此时天下月，只应遍照两人心”。

同诗又云：

宁王贵盛，宠妓数十人，皆绝艺上色。宅左有卖饼者妻，纤白明媚，王一见属目，厚遗其夫，取之，宠惜逾等。环岁，因问之：“汝复忆饼师否？”默然不对，王召饼师，使见之，其妻注视，双泪垂颊，若不胜情。时王座客十余人，皆当时文士，无不凄异，王命赋诗，王右丞维诗先成，曰：“莫以今时宠，而忘旧日恩，看花满眼泪，不共楚王言。”

由此两例，可见当时世家大族，恃势横行，荒淫无度，家藏数十妓，尚不知足，至夺人妻，拆散其家室，人欲横流，古今同慨也。

唐代豪富之家，畜妓如此其多，非妻非妾，与主人既无伦理上之关系，一旦色衰爱弛，或情海翻波，结局必将之遣散，或赠送他人。兹分别述之如下：

1. 遣散　家妓之遣散，多属主人厌倦之余，或精力不给之际，此事于白居易《白香山诗集》数见不鲜，《病中感旧·石上字》诗云：闲拨船行寻旧地，幽情往事复谁知，太湖石上镌三字，十五年前陈结之。据《容斋五笔》云：

初读乐天石上旧字诗，有陈结之并无所经见，全不可晓，后观其对酒有感寄李郎中诗：“往年江外抛桃叶，去岁楼中别柳枝。”注云：“桃叶，结之也，柳枝，樊素也。”然后结之义始明。

《别柳枝》诗云：两枝杨柳小楼中，袅娜多年伴醉翁，明日放归归去后，世间应不要春风。“袅娜多年伴醉翁”，可见其已饱脂粉气味，日久生厌。

《春尽日宴罢感旧独吟》诗云：五年三月今朝尽，客散筵空独掩扉，病共乐天相伴住，春随樊素一时归。

又《梦得继》云：春尽絮飞留不得，随风好去落谁家。

又《复戏答》诗云：柳老春深日又斜，任他飞向别人家，谁能更学孩童戏，寻逐春风捉柳花。“柳老春深日又斜”，此乃自悲老暮，已无精力与花争，只得忍痛割爱，“任他飞向别人家”。

《不能忘情吟（并序）》云：

乐天既老，又病风，乃录家事，会经费，去长物，妓有樊素者，年二十余，绰绰有歌舞态，善唱柳枝，人多以曲名之，由是名闻洛下，籍在经费中，将放之。

樊素仅“年二十余”，“绰绰有歌舞态”，如此美人，若非“既老又病风”，焉肯舍弃？

此外《才调集·司空曙病中遣妓》诗云：万事伤心在目前，一身垂泪对花筵，黄金用尽教歌舞，留与他人乐少年。此诗真是作者满腔悲感，盖“黄金用尽教歌舞”，本欲留待自己享用，无奈年老多病，不能消受艳福，如花似玉之美人“留与他人乐少年”，焉能不“垂泪对花筵”。

2. 赠送　家妓之于主人，既视为私有财物，且与主人无名分伦理上之关系，则以之赠送朋友，毫无足怪。前引《本事诗·情感第一》云：

刘尚书禹锡，为苏州刺史，李司空慕刘名，尝邀至第中，厚设饮馔，酒酣，命妓妙歌以送之。刘于席上赋诗……李因以妓赠之。

前引同书《高逸第一》又云：

杜牧为御史，分司东都时，李司徒罢镇闲居……李乃大开筵席……以杜持宪，不敢邀至。杜遭座客达意，愿与斯会。李不得已驰书……闻命遽来，时会中已饮酒，女奴百余人，皆绝艺殊色，杜独坐南行，瞪目注视，引满三卮，问李云："闻有紫云者，孰是？"李指示之，杜凝睇良久，曰："名不虚传，宜以见惠。"

据此，可见当时。以家妓为礼物，"互相赠送"，为数不少。

此外家妓亦有因年老色衰或厌倦风尘而出家为尼，了此残生者。《全唐诗话》杨郇伯《送妓人出家》诗云：

尽出花钿与四邻，云鬓剪落厌残春；暂惊风烛难留世，便是莲花不染身。贝叶欲翻迷锦字，梵声初学误梁尘；从今艳色归空后，湘浦应无解珮人。

因"厌残春"与"风烛难留世"，然后出家，亦情势使然也。至于家妓，为主人守节殉死，间亦有之，白居易《叩弹集·燕子楼诗序》云：

徐州故尚书，有爱妓曰盼盼，善歌舞，雅多风态。余为校书郎时，游徐泗间，张尚书宴余，酒酣，出盼盼以佐饮，欢甚。余因赠诗云：“醉娇胜不得，风袅牡丹花。”尽欢而去，尔后绝不复相闻。追兹仅一纪矣。昨日司勋员外郎张仲素绩之访余，因吟新诗，有《燕子楼》三首，词甚婉丽，诘其由，为盼盼作也。绩之从事武宁军，累年，颇知盼盼始末，云：“尚书既没，归葬于洛，而彭城（徐州）有张氏旧第，第中有小楼，名燕子，盼盼念旧，爱而不嫁，居是楼十余年，幽独块然，于今尚在。”余爱绩之新咏，感彭城旧游，因同题其作三绝句曰：“满窗明月满帘霜，被冷灯残拂卧床；燕子楼中霜夜月，秋来只为一人长。钿晕罗衫色似烟，几回欲著即潸然；自从不舞霓裳曲，叠在空箱十一年。今春有客洛阳回，曾到尚书墓上来；见说白杨堪作柱，争教红粉不成灰。”

《白香山诗集·感故张仆射诸妓》诗亦云：黄金不惜买蛾眉，拣得如花三四枝，歌舞教成心力尽，一朝身去不相随。此两诗中“争教红粉不成灰”和“一朝身去不相随”，实有逼盼盼殉死之意。无怪《尧山堂外纪》云：

此诗为讽盼盼而作，盼盼得诗，反覆读之，泣曰：“自我公薨，妾非不能死，恐后人以我公重色，有从死之妾，是玷我公清范也。”乃答白公诗曰：“自守空房恨敛眉，形同春后牡丹枝，舍人不会人深意，讶道泉台不去随。”

旬日不食而死。

白居易既“不会人深意”，诗句太过讽刺，遂置盼盼于死地，家妓之末路，亦可怜也。

## 三　公妓之种类

公妓系官厅所设，为公家所有物，长官可以随意使用，妓女唯有服从而已。公妓约分为三种，即（一）供天子娱乐之宫妓；（二）供官吏娱乐之官妓；（三）供军士娱乐之营妓。兹分别述之如下：

（一）供天子娱乐之宫妓　我国宫妓之设，原以供天子娱乐，性质颇似朝鲜之官妓，起源不可考。《晋书·武帝本纪》云：大康二年……诏选孙皓妓妾五千人入宫。此“妓妾五千人”，即为宫妓之滥觞。唐代于京都设教坊，系宫妓藏娇之所，《新唐书》卷四八《百官志》（三）云：开元二年，又置内教坊于蓬莱宫侧……京都置左右教坊。

玄宗以前，宫中之倡优杂技，皆归太常礼乐司掌管，至文宗时，始改设左右教坊，独掌声乐之曲，优倡曼衍之戏，《文献通考·乐考》云：

> 唐文宗以太常礼乐之司，不应畜优倡杂技，乃改置左右教坊，以教俗乐。

教坊既为宫妓聚居之地。同时人数又多，不得不设官司之。《新唐书》卷四八《百官志》（三）云：“掌倡优杂戏，以中官为教坊吏。”宫妓，系唐代皇室之娱乐品，故当时文人学士，赋诗填词，以此作题者，实属不少。例如李白《宫中行乐词》云：选妓随雕辇，征歌出洞房，宫中谁第一，飞燕在朝阳。李商隐《宫妓》诗云：珠箔轻明拂玉墀，披香新殿斗腰肢，不须看尽鱼龙戏，终遣君王怒偃师。王维《奉和圣制上巳于望春亭观禊饮应制》诗云：画鹢移仙妓，金貂列上公，清歌邀落日，妙舞向春风。又《奉和圣制十五夜然灯继以酺宴应制》诗云：仙妓来金殿，都人绕玉堂，定应偷妙舞，从此学新妆。

宫妓之使用，本供天子娱乐，然有时亦为天子侍寝，则称为“侍人”，郑良《孺诗话》云：

唐妓女入宜春苑，谓之内侍人；骨肉居教坊，谓之内人家；有请俸得幸者，谓之十家，盖家虽多，亦以十家呼之。

《教坊记》亦云：

妓女入宜春院，谓之内人，亦曰前头人，常在上前也。其家犹在教坊，谓之内人家，敕有司给赐同十家，虽数十家，犹故以十家呼之。每月二日、十六日，内人母得以女对，无母则姊妹若姑一人对，十家就本落，余内人并坐内教坊对，内人生日则许其母姑姊妹皆来对，其对所如式。

因受宠爱，饮食起居，不离帝左右者，亦常有之。《开元天宝遗事》“眼色迷人”条云：

念奴者，有姿色，善歌唱，未尝一日离帝左右，每执板当席顾盼，帝谓妃子曰：“此女妖丽，眼色迷人，每啭声歌喉，则声出于朝霞之上，虽钟鼓笙竽嘈杂，而莫能遏。”宫妓中，帝之钟爱也。

宫妓平时演剧，天子且亲为指道。《新唐书》卷一五《礼乐志》（五）云：

玄宗既知音律，又酷爱法曲，选坐部伎子弟三百，教于梨园，声有误者，帝必觉而正之，号皇帝梨园子弟，宫女数百，亦为梨园子弟，居宜春北院。

至于宫妓演剧情形，《教坊记》记载特详。

凡欲出戏，所司先进曲名，上以墨点者即舞，不点者即否，谓之进点。戏日内伎出舞，教坊人惟得舞伊州五天，重来叠，不离此两曲，余尽让内人也……凡楼下两院，进杂妇女，上必召内人姊妹入内赐食，因谓之曰：今日娘子不须唱歌，且饶姊妹并两院妇女。于是内妓与二院歌人，更代上舞台唱歌。内妓歌，则黄幡绰赞扬之；两院人歌，则幡绰辄訾诟之。有肥大年长者，即呼为屈突干阿姑，貌稍胡者即云康太宾阿妹，随类名之，标弄百端。诸家散乐，呼天子为崖公，以欢喜为蚬斗，以每日常在至尊左右为长八。

宫妓不独演戏以娱乐天子，而且作假战斗游戏以取乐焉。同书“风流阵”条云：

明皇与贵妃每至酒酣，使妃子统妓百余人，帝统小中贵百余人，排两阵于掖庭中，目为风流阵，以霞帔锦被张之为旗帜，攻击相斗，败者罚巨觥，以为戏笑，时议以为不祥之兆，后果有禄山兵乱，天意人事，不偶然也。

似此不务政治，恣意宫妓之乐，国家前途，其何谓淑！真是“禄山兵乱，天意人事，不偶然也”。不独君主蓄有宫妓，即帝室亲王亦多有之，兹据《开元天宝遗事》，举例如下：

岐王少惑女色，每至冬寒手冷，不近于火，惟于妙妓怀中揣其肌肤，称为暖手，常日如是。（“香肌暖手”条）

申王每醉，即使宫妓将锦彩结一兜子，分宫妓辈抬舁归寝室。（“醉舆”条）

申王，每至冬月，有风雪苦寒之际，使宫妓密围于坐侧，以御寒气，自呼为妓围。（“妓围”条）

皇子王孙姬妾盈庭，然犹未足，再置宫妓，“使其密围于坐侧”以取暖，而“香肌暖手”，尤为奇闻。

（二）供官吏娱乐之官妓　官妓特为地方官而设，以供应酬娱乐不时之需，起源盖在汉武帝时。《辍耕录》卷一三云："古称妓为官婢，亦曰官奴，汉武帝始设营妓，为官奴之始。"此种官奴，即为官妓之别名。白居易为杭州刺史时，有《醉歌示妓人商玲珑》诗云：

罢胡琴，掩秦瑟，玲珑再拜歌初毕。谁道使君不解歌？听唱黄鸡与白日。黄鸡催晓丑时鸣，白日催年酉前没。腰间红绶系未稳，镜里朱颜看已失。玲珑玲珑奈老何？使君歌了汝更歌。

地方官与官妓，既有瓜葛，虽去任后，每以鱼雁相交，表示眷恋之忱。白居易有《代诸妓赠送周判官》云：

妓筵今夜别姑苏，客棹明朝向镜湖。莫泛扁舟寻范蠡，且随五马觅罗敷。兰亭月破能回否，娃馆秋凉却到无？好与使君为老伴，归来休染白髭须。

又白居易《湖上醉中代诸妓寄严郎中》诗云：

笙歌杯酒正欢娱，忽忆仙郎望京都。借问连宵直南省，何如尽日醉西湖？蛾眉别久心知否？鸡舌含多口厌无。还有些些惆怅事，春来山路见蘼芜。

地方官对某人不满，可以派官妓代为招待，以捉弄之，《丽情集》云：

> 严尚书宇镇豫章，以陈陶操行清洁，欲挠之，遣小妓号莲花者往侍焉，陶殊不显，妓为诗求去云：“莲花为貌玉为腮，珍重尚书遣妾来，处士不生巫峡梦，虚劳神女下阳台。”陶答之曰：“近来诗思清于水，老去风情薄似云，已向升天得门户，锦衾深愧卓文君。”

陈陶“近来诗思清于水，老去风情薄似云”，以致严宇伎俩未能实现，所惜者，莲花身不自主，为人傀儡，以致“虚劳神女下阳台”。

地方官既有任意玩弄官妓之优先权，有时洒酣兴烈之余，慨然以之赠人者。《旧五代史·马郁传》云：

> 尝聘王镕于镇州，官妓有转转者，美丽善歌舞，因宴席，郁屡挑之。幕府张泽亦以文章名，谓郁曰：“子能座中成赋，可以此妓奉酬。”郁抽笔操纸，即时成赋，拥妓而去。

当时地方官，不独玩弄本地之官妓，且函邀邻郡官妓，以供娱乐。《尧山堂外纪》云：

玲珑余杭妓者，乐天作郡日，赋诗与之。时微之在越州，闻之，厚币邀去，月余始遗还，赠之诗兼寄乐天云："休遣玲珑唱我诗，我诗多是寄君词，明朝又向江头别，月落潮平是去时。"

地方官若与官妓发生密切关系，去职时，可携之以去。《杜樊川诗集·张好好诗序》云：

牧太和三年，佐故吏部沈公江西幕，好好年十三，始以善歌来乐籍中。后一岁，公移镇宣城，复置好好于宣城籍中。

上级地方官，若时见下级地方官之妓，合乎己意，亦可随便夺取。《本事诗·情感第一》云：

韩晋公镇浙西，戎昱为部内刺史，郡有官妓善歌，色亦娴妙，昱属情甚厚。浙西乐将闻其能，自晋公召置籍中，昱不敢留，饯于湖上，为歌词以赠之，且曰："至彼令歌，必首歌是词。"既至，韩为开筵，自持杯，命歌送之，遂唱戎词，曲既终。韩问曰："戎使君于汝寄情耶"？悚然起立曰："然。"泪下随言，韩令更衣待命，席上为之忧危，韩召乐将责曰："戎使君名士，留情郡妓，何故不知而召置之，成余之过。"乃笞之，命与妓百缣，即使归之，其词曰："好是春风湖上亭，柳条藤蔓系人情；黄莺坐久浑相识，欲别频啼四五声。"

似此风流艳史，当时定属不少。

（三）供军士娱乐之营妓　营妓之设，说者谓盖以慰藉军士者，始于春秋时代越国。《越绝书》卷八云：

独妇山者，句践将伐吴，徙寡妇致独山上，以为死士，示得专一也。去县四十里。后说之者，盖句践所以游军士也。

此为营妓之滥觞。至汉武帝时正式成立，《汉武帝外传》云："汉武帝始置营妓，以待军士之无妻息者。"其说未知真假，然而唐之营妓，实即官妓之别称，故为官僚往来，必有营妓奉迎。《尧山堂外纪》云：

唐宋间，郡守新到，营妓皆出境而迎，既去，犹得以鳞鸿往返，靦不知异。

《金华子杂编》亦云：

杜晦辞……永宁刘相国镇淮南，又辟为节度判官，方始应召。狂于女色，有父遗风。赴淮南之招，路经常州，李赡给事方为郡守晦辞于祖席。忽顾营朱娘言别，掩袂大哭，赡曰：此风声妇人，员外如要，但言之，何用形迹？乃以步辇元作军。随而遗之。

爱之不忍舍，又不敢强求，乃“掩袂大哭”，未免色狂，无李赡之慷慨，眼泪岂非徒洒。营妓环境，或不如官妓，然才貌双全者，亦不乏人，《唐语林》卷六云：

唐元稹使西蜀，纳营妓薛涛，稹后登翰林，涛以松花笺寄之，稹就所献纸赠一篇云：“锦江滑腻峨眉秀，幻出文君与薛涛；言语巧偷鹦鹉舌，文章分得凤凰毛；纷纷词客多题笔，个个公卿欲梦刀；别后相思隔烟雾，菖蒲花发五云高。”

以薛涛“言语巧偷鹦鹉舌”之聪慧，及“文章分得凤凰毛”之才华，而屈居营妓，未免可惜。同书同卷又云：

> 唐人某尉，充淮南节度使幕僚，奉使塞北，赠别营妓卿卿诗云：“怜君无那是多情，枕上相看直到今；月照绿窗人去后，鸦啼红粉泪纵横；愁肠只向金闺断，白发应从玉塞生；为报花时少惆怅，此生终不负卿卿。”

“此生终不负卿卿”，某尉固属多情，卿卿亦幸得知音也。

## 四　妓馆之状况

唐代妓馆，在长安者，公妓区域名为“某里”，如平康、北里。里之内，分为“某曲”，如南曲、中曲之类。曲或与今日北方之胡同（指八大胡同）相似。妓馆内部布置华丽宽敞。《北里志》“海论三曲中事”条云：

> 平康里，入北门东回三曲，即诸妓所居之聚也。妓中有铮铮者，多在南曲、中曲。其循墙一曲，卑屑妓所居，颇为二曲轻视之。其南曲中者，门前通十字街，初登馆阁者，多于此窃游焉。二曲中居者，皆堂宇宽静，各有三数厅焉。

前后植花卉，或有怪石盆池，左右对设，小堂垂帘，茵榻帏幌之类称是。

此中妓女之来源，多由于出资购买，间亦以欺骗手段得之，同书同条云：

诸女自幼丐，有或佣其下里人家，常有不调之徒，潜为渔猎，亦有良家子，为其家聘之，以转求厚赂，误陷其中。

同书“王团儿”条记宜之之受人诱骗为妓，云：

常语予（《北里志》作者孙棨）：“本解梁人也。家与一乐工邻，少小常依其家学针线，诵歌诗。总角为人所误，聘一过客，云入京赴调选，及挈至京，置之。于是客绐而去，初是家以亲情接待甚至。累月后，乃逼令学歌令，渐遣见宾客，寻为计巡辽所嬖，韦宙相国子及卫增常侍子所娶，输此家不啻千金矣。间者亦有兄弟相寻，便欲论夺，某量其兄力轻势弱，不可夺，无奈何，谓之曰：“某已失身矣，必恐徒为。”因由其家得数百金与兄，动哭永诀而去，每遇宾客话及此，呜咽久之。

妓女在妓馆中，行动多不自由，常受鸨母监视压迫。同书同条云：

> 母，多假母也，亦妓之衰退者为之……初教之歌……微涉退怠，则鞭扑备至……诸妓以出里艰难，每南街保唐寺有讲席，多以月之八日，相牵听焉。皆纳其假母一缗，然后能出于里，其于他处，必因人而游，或约人与同行，则为下婢，而纳资于假母，故保康寺每三八日，士子极多，盖有期于诸妓也。

至于宫妓所居区域，则称为“坊”，坊之外为“苑”或“院”，例如“宜春院”，《教坊记》云：

> 西京右教坊，在光宅坊；左教坊，在延政坊。右多善歌，左多工舞，盖相因习。东京两教坊，俱在明义坊，而右在南左在北也。坊南西门外，即苑之东也，其间有顷余水泊，俗谓之月陂，形似偃月，故以名之。

坊中妓女，因气味相投，多结拜为兄弟姊妹，《教坊记》又云：

坊中诸妓以气类相似，约为香火兄弟，每多至十四五人，少不下八九辈，有儿郎聘之者，辄被以妇女称呼，即所聘者，兄，见呼为新妇；弟，见呼为嫂也。

京都之外，妓馆最多，首推扬州，盖当时扬州，商业之盛，居天下第一。《容斋随笔》卷九“唐扬州之盛”条云：

唐世盐铁转使在扬州，尽斡利权，判官多至数十人，商贾如织，故谚称“扬一益二”，谓天下之盛，扬为一，而蜀次之也。

扬州妓馆之高，以及营业之盛，可于唐诗中见之，《全唐诗》卷一一王建《夜看扬州市》诗云：

夜市千灯照碧云，高楼红袖客纷纷，如今不似时平日，犹自笙歌彻晓闻。

同书卷一一权德舆《广陵诗》云：

广陵（扬州）实佳丽……八方称辐辏，五达如砥平……

层台出重霄，金碧摩灏清。交驰流水毂，迥接浮云甍。青楼旭日映……

王诗之“高楼”，权诗之“青楼旭日映”，可见妓馆建筑高大，而“夜市千灯”“笙歌彻晓”“红袖客纷纷”，尤足以想象当时娼寮之繁华以及生意之兴盛。

## 五　娼妓阶级之才学

唐代妓女多才多艺，文人学士，趋之若鹜，因之声名益噪，公卿以下，皆以表德呼之，《北里志·序》云：

> 其中诸妓，多能谈吐，颇有知书言话者，自公卿以降，皆以表德呼之其分别品流，衡量人物，应对非次，良不可及，信可辍叔孙之朝，至杨秉之惑，比常闻蜀妓薛涛之才辩，必谓人过言，及睹北里二三子之徒，则薛涛远有惭德矣。

妓女既能诗能文，无怪白居易、杜牧辈，以气味相投，多与之唱和，流连花丛也。

兹据同书，例举当时妓女，自慨身世，或与游客酬答之诗词如下：

（某日会宾）病疾且甚。值春暮，景色晴和，命侍女扶坐于砌前，顾落花而长叹数回，因索笔题诗云："气余三五喘，花剩两三枝，话别一樽酒，相邀无后期。"（又其后将死时，作绝命诗四章）一曰："昨日寻仙子，辎车忽在门，人生须到此，天道竟难论。客至皆连袂，谁来为鼓盆，不堪襟袖上，犹印旧眉痕。"二曰："残春扶病饮，此时最堪伤，梦幻一朝毕，风流几日狂。孤鸾徒照镜，独燕懒归梁，厚意那能展，含酸奠一觞。"三曰："浪意何堪念，多情亦可悲，骏奔皆露胆，麇至尽齐眉。花坠有开日，月沈无出期，宁言掩丘后，宿草便离离。"四曰："奄忽那如此，夭桃色正春，捧心还动我，掩面复何人。岱岳谁为道，逝川宁问津，临丧应有主，宋玉在西邻。"（"颜令宾"条）（注云：此种诗句，字字由肺腑流出，寓意深长，情感悲悒，有不可卒读者，非有高才深感，讵能道其只字。）

次曰福娘，字宜之，甚明白，丰约合度，谈论风雅，且有体裁……次曰小福，字能之，虽乏丰姿，亦甚慧黠。予（即《北里志》作者孙棨）在京师，与群从少年习业，或倦闲时，同诣此处，与二福环坐，清淡雅饮，尤见风态，予常赠宜之诗曰："彩翠仙衣红玉肌，轻盈年在破瓜初；霞杯醉劝刘郎饮，云髻慵邀阿母梳；不怕寒侵缘带宝，每忧风举倩持裾；谩图西子晨妆样，西子原来未得如。”得诗甚多，颇以此诗为称惬，持诗于窗左红墙，请予题之，及题毕，以未满壁，请更作一两篇……予因题三绝句……尚差数行未满，翌日诣之。忽见自札后宜之题诗曰：“若把文章邀劝人，吟看好个语言新，虽然不及相如赋，也值黄金一二斤。”宜之每宴洽之际，常惨然悲郁。如不胜任，合坐为之改容，久而不已，静询之，答曰：“此踪迹安可迷而不返耶。又何计以返，每思之，不能不悲也。”遂呜咽久之。他日忽以红笺授余，泣且拜，视之。诗曰：“日日悲伤未有图，懒将心事话凡夫，非同覆水应收到，只问仙郎有意无。”（其后宜之适人，一日孙棨过其门，宜之使福之遗以诗）云：“久赋恩情欲托身，已将心事再三陈，泥莲既没移栽分，今日分离莫恨人。”（孙览之，不胜感喟，深悔失机。）（“王团儿”条）

润娘归郭锻后，郭有前妻并因事忙，不能常至润娘处叙欢，而润娘性浪漫，仍不时与旧客往来，事泄，每为郭所痛殴。一日，润娘用彩笺题诗寄其相好郑光业云：“应是前生有夙冤，不期今世恶姻缘；蛾眉欲碎巨灵掌，鸡肋难胜子路拳；只以吓人传铁券，未应教我踏金莲；曲江昨日君相过，当下遭他数十鞭。”光业得诗后，即取笔答之，

诗云："大开眼界莫言冤，毕世甘他也是缘。无计不烦干偃蹇，有门须是疾连拳。"（"楚儿"条）

（丁）王苏苏在南曲中，屋宇宽博，卮馔有序。女昆仲数人，亦颇善谈谐。有进士李标者，自言李勣之后，久在大谏王致君门下，致君弟侄，因与同游焉，饮次，标题窗曰："春暮花株绕户飞，王孙寻胜引尘衣，洞中仙子多情态，留住阮郎不放归。"苏苏先未识，不甘其题，因谓之曰："阿谁留郎君，莫乱道！"遂取笔继之曰："怪得犬惊鸡乱飞，羸童瘦马老麻衣，阿谁乱引闲人到，留住青蚨热赶归。"（"王苏苏"条）

唐代妓女，擅长诗词，不止此数者，其与游客互相酬答，及自慨身世之诗句，美不胜收。盖当时文人才子，多与之公开往来，几于名士，无不风流，自许为儒生典型，缙绅模范之权德舆，然犹以不到扬州妓院一游，谓为"书窗误一生"，前引其《广陵诗》云："广陵实佳丽……鞶蛾价倾城……曲士守文墨，达人随性情……肯学诸儒辈，书窗误一生。"所以妓馆所在之地，有"风流薮泽"之称。《开元天宝遗事》云：

长安有平康坊者，妓女所居之地，京都侠少，萃集于此。

兼每年新进士，以红笺名纸，游谒其中，时人谓此坊为风流薮泽。

所谓“新进士皆以红笺名纸，游谒其中”。《唐摭言》卷三亦有同样记载：

裴思谦状元及第后，作红笺名纸十数诣平康里。因宿于里中，诘旦，赋诗曰：“银缸斜背解鸣珰，小语低声贺玉郎，从此不知兰麝贵，夜来新惹桂枝香。”

不独新进士逗留妓馆，即皇帝亦多微服行幸。《北里志·序》云：

自大中皇帝好儒术，特重科第，故其爱婿郑詹事再掌春闱。上往往微服长安中，逢学子则狎与之语，时以所闻，质于内庭学士及都尉，皆耸然莫知所事，故进士自此尤盛……

可知唐代，上自帝皇，下及名士，无不喜作北里之游，宋张端义《贵耳集》卷下谓“晋人尚旷好醉，唐人尚文好狎”，信然。

## 第三节　劳动阶级

### 一　劳动阶级环境之转变

所谓劳动阶级，乃指劳其体力以谋生活者。换言之，即农、工、奴隶及商人等。顾唐代商人，势力最大。前引《新唐书》卷五四《食货志》（四）云：

> 自京师禁飞钱……盐铁使王播请许商人于户部、度支、盐铁三司飞钱，每千钱增给百钱，然商人无至者，复许与商人敌贯而易之。

身虽劳动，势力可反抗官宪。所以唐代劳动阶级，舍商人不论，只有农、工、奴隶三者。奴隶已见于前，工人史料，极为缺乏，故本篇范围，限于农民方面。农民分为自耕农与佃户两种，两者之身份地位与经济状况，虽各不相同，然皆属于劳动阶级。

我国自古以来，皆以农立国。农民占国民绝对多数，财政之源，惟此是赖。因此所遭虐政，受苦特甚。唐代天宝以前，政治清明，国库充裕，劳动阶级尚不受若何痛苦。及天宝以后，官多法乱，劳动阶级之痛苦，遂如水益深，如火益热。《新唐书》卷五一《食货志》（一）云：

> 自天宝以来，大盗屡起，方镇数叛，兵革之兴，累世不息，而用度之数不能节矣。加以骄君昏主，奸吏邪臣，取济一时，屡更其制，而经常之法，荡然尽矣。由是财利之说兴，聚敛之臣进。盖口分世业之田坏而为兼并，租庸调之法坏而为两税。至于盐铁、转运、屯田、和籴、铸钱、括苗、榷利、借商、进奉、献助，无所不为矣。盖愈烦而愈弊，以至于亡焉。

因"财利之说兴，聚敛之臣进"，于是苛政杂税，无不从此而生，劳动阶级，而大受其害，唐亦以"愈烦而愈弊，以至于亡"。

## 二　豪强之兼并与贪官之榨取

唐初人口稀少，政治优良，行均田制，人人有田可耕，农民尚不至于饥荒，《新唐书》卷五一《食货志》（一）云：

> 唐制，度田以步，其阔一步，其长二百四十步为亩，

百亩为顷……授田之制，丁及男年十八以上者，人一顷，其八十亩为口分，二十亩为永业；老及笃疾、废疾者，人四十亩，寡妻妾三十亩，当户者增二十亩，皆以二十亩为永业，其余为口分……凡收授皆以岁十月，授田先贫及有课役者。

《通典·食货门》亦云：

（开元二十五年令）丁男给永业田二十亩，口分田八十亩，其中男年十八以上亦依丁男给。老男、笃疾、废疾，各给口分田四十亩。寡妻妾各给口分田三十亩。

授田数目，大致相同，授田之后，依例不得卖买，但遇特别情形可以通融，《新唐书》卷五一《食货志》（一）云：

凡庶人徙乡及贫无以葬者，得卖世业田（即永业田）。自狭乡而徙宽乡者，得并卖口分田。已卖者不复授，死者收之，以授无田者。

《通典·食货门》亦云："若从远役外任，无人守业者，听贴赁及质。”据此则，“贫无以葬”“自狭乡而徙宽乡”，可以卖田，若从远役在外任，可以贴。赁卖买手续，系双方申牒有司报告。同书《食货门》又云：

> 凡卖买皆须经所部司申牒，年终彼此除附，无文牒辄卖买，财没不追，地还本主。

田地既可私相卖买，则豪富之兼并势所难免，高宗时，曾下诏禁之。《新唐书》卷五一《食货志》（一）云：

> 初，永徽中禁买卖世业、口分田，其后豪富兼并，贫者失业，于是诏买者还地而罚之。

然农民为贫困及赋税所迫，又安能坐待饥困，故虽明知法犯令，亦非出卖田地不可。《册府元龟》卷四九五“田制”条引“开元二十四年诏”云：

> 闻王公百官及富豪之家，比置庄田，恣行兼并，莫惧章程。借荒者，皆有熟田，因之侵夺；置牧者，唯指山谷，不限多少。

可见当时田地买卖，极其盛行。豪富之家，不独蔑视法章，收买贫民土地且恃势横行，公然霸占。

此事始于太宗时，而盛于高宗。兹据《旧唐书》举例如下：

> 召拜泽州刺史……前刺史张长贵、赵士达并占境内膏腴之田数十顷，顺德并劾而追夺，分给贫户。（卷五八《长孙顺德传》）
>
> 永徽五年，累迁洛州刺史，时豪富之室，皆籍外占田，敦颐都括获三千余顷，以给贫乏。（卷一八五《贾敦颐传》）
>
> （宇文融）密奏从愿广占良田，至有百余顷。（卷一〇〇《卢从愿传》）

所占田地，幸赖贤明官吏依法夺回，分给贫户，但为官者，安得人人如此，谅已被占而无从收回者，必不在少数。

自来县令，循吏少而贪官多，唐朝地方官，除少数清廉外，类多贪污，榨取农民。《全唐文》卷六六七白居易《论王锷欲除官事宜》云：

> 王锷在镇日，不恤凋残，唯务差税，淮南百姓，日夜无憀，

五年诛求，百计侵削，钱物既足，部领入朝……凡有耳者，无不知之。

污吏对于贫苦无救之农民，竟至“五年诛求，百计侵削”。待“钱物既足”，复升官晋爵“领入朝”。吾不知唐朝纲纪，犹有存者乎。

当时地方官吏之榨取，半为肥己，半为奉上，《旧唐书》卷八一《李敬玄传》云：

(元素)有吏才，初为武德令，时怀州刺史李文暕将调，率金银造，常满樽以献，百姓甚弊之，官吏无敢异议者。元素抗词固执，文暕乃损其制度，以家财营之。

唐代地方官，既蓄意剥削，同时朝廷以国库空虚，亦心存聚敛，于是官无论大小、钱不问多寡，迎上意皆争先进奉，以邀恩宠。然试问奉上之钱帛，何自而来？《新唐书》卷五二《食货志》(二)云：

帝(德宗)属意聚敛，常赋之外，进奉不息。剑南西川节度使韦皋有日进，江南观察使李兼有月进，淮南节度使杜亚，宣歙观察使刘赞，镇海节度使王伟、李锜，皆徼射恩泽，以常赋入贡，“羡余”。至代易，又有进奉。当是时，户部钱物所在州府及巡院皆得擅留，或矫密旨加敛，谪官吏，刻禄禀，增税通津，死人及蔬果。凡代易进奉，取于税入，十献二三，无敢问者。

既“以常赋入贡”，何从得“羡余”，除向农民榨取外，别无生财之道。至于吏胥催租，《白香山集·重赋》诗有明白之叙述。诗云：

……奈何岁月久，贪官得因循。浚我以求宠，敛索无冬春。织绢未成匹，缫丝未盈斤。里胥迫我纳，不许暂逡巡。岁暮天地闭，阴风生破村。夜深烟火尽，霰雪白纷纷。幼者形不蔽，老者体无温。悲端与寒气，并入鼻中辛。

尤有甚者，吏胥催租，不问有无，皆任意苛索，民偶不给，则围其宅而强夺之。《通考·田赋考》卷三云：

宝应元年，租庸使元载以江淮虽经兵荒，其民比诸道，犹有赀产，乃按籍举八年租调之违负及逋逃者，计其大数而征之，择豪吏为县令而督之，不问赋之有无，赀之高下，察民有粟帛者，发徒围之，籍其所有而中分之，甚者十取八九，谓之“白著”。有不服者，严刑以威之。

似此向百姓榨取，直与盗匪之劫掠无异，尚何官吏之足言。

## 三　劳动阶级受课役漕运之苦

农民果有足额之田地，课以国税，理固当然。无奈原有土地，多为豪富兼并，而仍纳原额之税，则富者免征，贫者重纳，此农民所以苦也。《毗陵集》卷一八载独孤及《答杨贲处士书》云：

然来书所陈，富人出万，今易以千；贫人出百，今亦数倍。富倍优，贫倍苦，窃详雅旨，事或未然。昨者据保簿数百姓，并浮寄户有三万三千。比来应差科者，唯有三千五百。其余二万九千五百户，蚕而衣，耕而食，不持一钱以助王赋……每岁三十一万贯之税，悉钟于三千五百人之家。谓之高户者，岁出千贯。其次九百八百，其次七百六百贯。以是为差九等，最下兼本丁租庸，犹输四五十贯，人焉得不日困，事焉得不日戚。

如此巨额之王赋，悉责之于少数农民。多数富豪大地主，则“蚕而衣，耕而食，不持一钱以助王赋”，岂得谓平。然穷苦百姓，亦莫之奈何，只有“典桑卖地纳官租”（白居易《杜陵叟》），或“输官不足归卖屋”（元稹《田家词》）而已。故《昌黎全集》卷三七《御史台上论天旱人饥状》云：

> 至闻有弃子逐妻，以求口食，折屋伐树，以纳税钱，寒馁道涂，毙踣沟壑，有者皆已输纳，无者徒被追征，臣愚以为此皆群臣之所未言，陛下之所未知者也。

再义仓之设，本为惠民。然自中宗以后，官多移用，并勒农民出输送脚钱，适以扰民。《旧唐书》卷四九《食货志》（下）云：

> 自是（贞观二年）天下州县，始置义仓，每有饥馑，则开仓赈给，以至高宗、则天数十年间，义仓不许杂用。其后公私窘迫，渐贷义仓支用，自中宗神龙之后，天下义仓，费用向尽。

同书同志引“开元四年五月廿一日诏”云：

诸州县义仓，本备饥年赈给，近年以来，每三年一度，以百姓义仓糙米，远赴京纳，仍勒百姓私出脚钱。

至大历年间，又税青苗钱，此种税法，更较收获后所征之正税为苛。《新唐书》卷五一《食货志》（一）云：

（大历）二年天下苗一亩，税钱十五，市轻货，给百官手力课，以国用急，不及秋，方苗青即征之，号“青苗钱”，又有地头钱，每亩二十，通名为青苗钱。

唐代农民，既多贫困，且缴各种苛税，其不爱徙其居，或铤而走险者，寡矣。

唐初行府兵制，人民服役日数，本有一定。《旧唐书》卷四八《食货志》（上）云：

凡丁岁役二旬，若不役，则收其佣每日三尺，有事而加役者旬有五日，免其调。三旬，则租调俱免，通正役并不过五十日。

唐代兵役，日数虽有一定，惟每逢征调，急于星火，初婚之人，一经点到，亦须出发，吾人试读杜甫《新婚别》，殊觉情形之凄惨。诗云：

菟丝附蓬麻，引蔓故不长。嫁女与征夫，不如弃路旁。结发为君妻，席不暖君床。

暮婚晨告别，无乃太匆忙。君行虽不远，守边赴河阳。妾身未分明，何以拜姑嫜？

父母养我时，日夜令我藏。生女有所归，鸡狗亦得将。君今往死地，沉痛迫中肠。

誓欲随君去，形势反苍黄。勿为新婚念，努力事戎行。妇人在军中，兵气恐不扬。

自嗟贫家女，久致罗襦裳。罗襦不复施，对君洗红妆。仰视百鸟飞，大小必双翔。

人事多错迕，与君永相望！

“暮婚晨告别，无乃太匆忙”，顾此乃系王事行役，亦非夫婿心中所愿，故只自叹命苦，“沉痛迫中肠”，空帏独守，洗却红妆，“与君永相望”而已。

征途危险，生死莫测，人民视为畏途，不惜自残躯体，以期幸免，白居易《长庆集》卷三《新丰折臂翁》诗云：

>……无何天宝大征兵，户有三丁点一丁。点得驱将何处去，五月万里云南行。闻道云南有泸水，椒花落时瘴烟起。大军徒涉水如汤，未过十人二三死。村南村北哭声哀，儿别爷娘夫别妻。皆云前后征蛮者，千万人行无一回。是时翁年二十四，兵部牒中有名字。夜深不敢使人知，偷将大石捶折臂……骨碎筋伤非不苦，且图拣退归乡土……至今风雨阴寒夜，直到天明痛不眠。痛不眠，终不悔，且喜老身今独在。不然当时泸水头，身死魂孤骨不收。应作云南望乡鬼，万人冢上哭呦呦。

按天宝十年，剑南节度使鲜于仲通，征讨云南蛮败绩，死亡六万人，有诏募两京及河南河北兵驰救，人民不肯应募，杨国忠遣御史分道捕人，押送军前老翁折臂，虽“痛不眠，终不悔”，盖喜老身今独在，不作云南望乡鬼也。

然有时虽自残形体，不独不免役，而且获罪。《资治通鉴》卷一九六“贞观十六年诏”云：自今有自伤残废者，据法加罪，仍服赋役。人民不肯服兵役之原因，除征途危险外，且苦于行军费用，自行筹备。《旧唐书》卷八〇《褚遂良传》云：

然则王师初发之岁，河西供役之年，飞刍挽粟，十室九空，数郡萧然，五年不复。陛下岁遣千余人远事屯戍，终年离别，万里思归。去者资装，自须营办，既卖菽粟，倾其机杼，经途死亡……

人民欲谋避免当兵之苦，只有分居，使人口减少，不及三丁抽一、五丁抽二之数。《新唐书》卷五一《食货志》（一）云：

明年（玄宗二十六年）又诏民三岁以下为黄，十五以下为小，二十以下为中，又以民间户高丁多者，率与父母别籍异居，以避征戍，乃诏十丁以上免二丁，五丁以上免一丁，侍丁孝者免徭役。

至于家财富裕者，避免兵役之法，则以金钱贿赂。《全唐文》卷一五八刘仁轨《陈破百济军事表》云：

从显庆五年以后，频经渡海，不被纪录，州县发遣百姓充兵者，其身少壮，家有钱财，赂与官府，任自东西藏避，即并得脱，无钱用者，虽是老弱，催皆令来。

唐初于东北西北，连年用兵，天宝以后，内部又屡起藩镇之乱，人民苦于徭役，不堪言状。后并耕牛，亦为兵士所夺，民生益困。《全唐文》卷六五一云：

> 况河南府耕牛素少，昨因军过宰杀，及充递车，已无大半。今若更发四千余车，约计用牛一万二千余头，假令估价，并得实钱，百姓悉皆愿去，亦须草木尽化为牛，然后可充给头数。今假令府司排遣，十分发得一二，即来岁春农，必当尽废，百姓坐见流亡……恐饥荒荐至。

“亦须草木尽化为牛，然后可充给头数”，可见当时需索之多，农民耕牛，早已被夺，试问何以为生，恐不仅“流亡”而已也。且当时之兵，节制不严，旌旗所过，劫掠时生。《韩昌黎集》卷一九《与鄂州柳中丞书》云：

> 天下之兵，乘机逐利，四出侵暴，屠焚县邑，贼杀不辜，环其地数千里，莫不被其毒，洛、汝、襄、荆、许、颍、淮、江，为之骚然。

似此状况，继续演变，又恐不独“骚然”而已也。

唐代建都于长安，用兵西北时，所用军饷，皆由东南运去。自运河而黄河，舟楫之劳，多役民为之。《新唐书》卷五三《食货志》（三）云：

> 显庆元年，苑西监褚朗议凿三门山为梁，可通陆运，乃发卒六千凿之，功不成。其后，将作大匠杨务廉又凿为栈，以挽漕舟。挽夫系二鈲于胸，而绳多绝，挽夫辄坠死，则以逃亡报，因系其父母妻子，人以为苦。

挽夫遭难，反“以逃亡报”，且复“系其父母妻子”，以治之罪。人民何辜，遭此荼苦！

人民挽舟，本忍痛为之，然有司反别开花样，以取乐焉，同书同卷云：

> 先时民间唱俚歌曰：“得体纥那邪”，其后得宝符于桃林。于是陕县尉崔成甫更《得体歌》为《得宝弘农野》，坚命舟人，为吴、楚服，大笠、广袖、芒屩以歌之。成甫又广之为歌辞十阕，自衣阙后绿衣、锦半臂、红抹额，立第一船，为号头以唱，集两县妇女百余人，鲜服靓妆，鸣鼓吹笛以和之。众艘以次辏楼下，天子望见大悦，赐其潭

名曰广运潭。

此种劳民荒淫，与隋炀帝南幸在运河途次行乐，无以异也。

漕运以水途辽远，须时又久，到达之日，及所运之粮米当然有所损耗，然官吏不察，每治挽夫罪。同书同卷云：

刑部侍郎王播代坦，建议米至渭桥五百石亡五十石者死。其后判度支皇甫镈议万斛亡三百斛者偿之，千七百斛者流塞下，过者死；盗十斛者流，三十斛者死。而覆船败挽，至者不得十之四五。部吏舟人，相挟为奸，榜笞号苦之声，闻于道路，禁锢连岁，赦下而狱死者，不可胜数。

王建《王司马集·水运行》亦云：

西江运船之红帜，万棹千帆绕江水。去年六月无稻苗，已说水乡人饥死。县官部船日算程，暴风恶雨亦不停。在生有乐当有苦，三年作官一年行。坏舟畏鼠复畏漏，恐向太仓折升斗。辛勤耕种非毒药，看着不入农夫口。用尽百金不为费，但得一金即为利。远征海稻供边食，岂如多种边头地。

原来漕米到达时，所以不足原额者，多因“覆舟败挽”之故，“部吏舟人（想系船主），相挟为奸”，遂至挽者，无辜受累，致“死者不可胜数”，亦云惨矣。

## 四　劳动阶级之逃亡

劳动阶级之逃亡，因（一）课役之繁苛，（二）天灾兵祸之频仍，（三）贵族富人之兼并土地，生活压迫。在此逃亡中，自耕农，多降为佃户。盖当时贵族阶级，占有百顷或数千顷之庄园，自家奴隶不够耕种，深感劳动力之缺乏，皆愿逃亡之农民居其庄园，为彼工作，称之为客户、佃户，或庄客、寄庄户。《册府元龟》卷四九五引“天宝十一年诏”云：

> 乃别停客户，使其佃食，既夺居人之业，实生浮惰之端……并潜停客户，有官者私营农，如辄有违犯，无官者决杖四十，有官者录奏取处分。

足证庄园主人，欢迎客户（即座客），使其租耕田地。客户对于庄主，所纳租税，皆系谷类，或其他农作物，税额极重。每亩岁税至一石或五斗，比诸官税，多至十倍。《新唐书》卷五二《食货志》（二）引陆宣公之言曰：

今富者万亩，贫者无容足之居，依托强家，为其私属，终岁勤劳，常患不充。有田之家，坐食租税，京畿田亩税五升，而私家收租亩一石，官取一，私取十，穑者安得足食。

庄客收获之大半，已纳于庄主，数口之家，焉能足食，且除私税外，中唐以后，并纳官税。《旧唐书》卷四八《食货志》（上）云：

代宗大历四年正月十八日敕，有司定天下百姓及王公以下每年税钱，分为九等……其寄庄户，准旧例，从八等户税，寄住户从九等户税，比类百姓，事恐不均，宜各自加一等税。其诸浮色客及权时寄住户等，无问有官无官，亦所在为两等收税，稍殷有者准八等户，余准九等户。

唐初租庸调之制，客户、寄庄户皆不纳税，惟自租庸调之法坏，户税法兴，始纳八等户税或九等户税。

唐初客户，因免课役，所以苦于诛求之自耕农，逃入贵族阶级庄园，为其寄庄户者，为数极多。代宗课以户税，盖为制止逃亡之风也。

玄宗开元九年，宇文融为劝农使，检察天下户口，得客户八十万，时全国户口计七百余万，约占十分之一，则代宗时代，乡居土著十不存半，客户尤多。《唐会要》卷八五“宝应元年四月诏”云：“近日以来，百姓逃散，至于户口，十不存半。”足知安史乱后，人民逃亡为客户者数量之增加。德宗建中初，《通典》卷七谓“土户百八十余万，客户百三十余万”，然据《通考》卷三记载，实不止此。

> 兵乱之后，至是三百余万，既曰土著，百无四五，是主户十五余万，浮客二百八十余万也。

再据《旧唐书》卷一一八《杨炎传》：“乡居地著者，十不四五。”则德宗时代，客户实占天下户口之半，为二分之一，比玄宗时代十分之一，相差过巨。社会转变，户籍浮动，于此益信。

劳动阶级，逃亡数量之激增，影响所及，诚重且大，第一国家财政，收入之减少；第二，贵族阶级之大地主，势力之增大，结果必致国家贫弱，发生变乱。《唐会要》卷八五引“李峤上表”云：

> 此等浮衣寓食，积岁淹年，王役不供，簿籍不挂，或

出入关防，或往来山泽，非直课调虚蠲，阙于恒赋，亦自诱动愚俗，堪为祸患，不可不深虑也。

因此法律上，对于逃亡，严行禁止，违者课罪。《唐律疏议》卷二八《捕亡》律文云：

即人有课役，全户亡者，亦如之（一日笞三十，十日加一等，罪止徒三年）；若有军名而亡者，加一等；其人无课役，及非全户亡者，减二等；即女户亡者，又减三等；其里正及监临主司，故纵户口亡者，各与同罪，不知情者不坐。

然人民以环境压迫，逃亡之风依然未减。所以统治者对于逃亡善后办法，另谋良图。第一保护逃亡户之田宅；第二逃户复归，免除租税；第三编附流民于寄住地户籍。兹分述之如下：

（一）保护逃亡之田宅　唐初人民逃亡，地方官皆变卖其田宅，致其归乡，无家可居、无地可耕，殊非抚辑善策。玄宗天宝十四年，特令官吏保其田宅。《唐会要》卷八五“逃户”条云：

十四载八月制，天下诸郡逃户有田宅产业，妄被人破除，并缘欠负租庸，先已亲邻买卖，及其归复，无所依投，永言此流，须加安辑，应有复业者，宜并却还，纵已代出租税，亦不在征赔之限。

然保管田宅，究非善策，肃宗乾元三年，乃改为赁租，以充课税，待逃户还时归之。同书同卷同条云：

自今已后，应有逃户田宅，并须官为租赁，取其价值，以充课税，逃人归复，宜并却还，所由亦不得称负欠租赋，别有征索。

倘逃户归还无期，出租办法，亦未尽妥，故至代宗广德二年，又改授浮客耕种，二年以后，逃户未归，即为其所有。同书同卷同条云：

广德二年四月敕，如有浮客，情愿编附，请射逃人物业者，便准式据丁口给授。如二年以上，种植家业成者，虽本主到，不在却还限，任别给授。

宣宗、懿宗时，又延长至五年，换言之，即浮客耕种逃户之田地，逃户五年未归，始归其所有。

（二）免除租税　人民逃亡后，官吏例责其近亲或邻人，代输赋税，待其归时偿还，然及逃户还家，偿还无力又复逃亡者，比比皆是。所以玄、肃、代诸宗，皆先后下诏，免除逃户租税，同书同卷“天宝八年正月敕”云：“其有逃还复业者，务令优恤，使得安存，纵先为代输租庸，不在酬还之限。”同书同卷“至德二载二月敕”云：“自今已后，所有科役，须使均平。本户逃亡，不得辄征近亲，其邻保，务从减省，要在安存。”同书同卷“宝应元年五月十九日敕”又云：“逃户不归者，当户租赋停征，不得率摊邻亲高户。”盖所以安抚流亡，使其重归故乡也。

（三）编附流民丁寄住地户籍　中唐以后，租庸调之制废弛，赋税制度，缺乏统一，各地纳税，多寡不同，因此税多。地方之人民，多逃入税少之地方，于其中建筑房屋，购置田地，作为终老是乡之基础。故武后时，李峤上表即请用权衡之法，编附逃户于寄住地户籍，与普通百姓相同。《唐会要》卷八五“逃亡”条云：

所谓权衡者，逃人有绝家去乡，离失本业，心乐所在，情不愿还，听于所在隶名，即编为户。

自后玄宗，对于编附寄住地户籍之客户，予以减租赐田之优待，《册府元龟》卷四八六引“开元十六年十月诏”云：愿编附边州客户给良田永除租课。《唐会要》卷八五“开元十八年裴耀卿上疏”，述之尤详：

> 窃见天下所检客户，除两州计会归本贯已外，便令所在编附。年限向满，须准居人。更有优矜，即此辈侥幸。若全征课税，目击未堪，窃料大下诸州不可一例处置，且望从宽乡有剩田州作法。窃计有剩田者，减三四十州，取其剩田，通融支给。其剩地者三分请取一分已下，其浮户请任其亲戚乡里相就，每十户已上共作一坊，每户给五亩充宅，并为造一两口屋宇，开巷陌，立闾伍，种桑枣，筑园蔬，使缓急相助，亲邻不失。丁别量给五十亩已上为私田，任其自营种，率其户于近坊，更供给一顷，以为公田，其令营种，每丁一月役功三日，计十丁一年，共得三百六十日，营公田一顷，不啻得计，早收一年，不减一百石，使纳随近州县，除役功三百六十日外，更无租税，既是营田户，日免征徭，安乐有余，必不流散。

唐代对于劳动阶级逃亡之善后三种办法中，唯有最后一种，将就事实，颇为适用，其他两种，无济于事，而欲以国家法律，制止逃亡，更为不识时务之举。

## 五　劳动阶级之变乱

劳动阶级，一苦于赋税之暴敛，二困于徭役之繁多，三受贪官污吏之压迫榨取，结局惟有逃亡或叛乱而已，叛乱原非人民本意，顾以环境压迫，实逼至此。《唐语林》卷三云：

> 高宗时群蛮聚为寇，讨之辄不利，乃除徐敬业为刺史。府发卒迎，敬业尽放令还，单骑至府。贼闻新刺史至，皆缮理以待，敬业一无所问。处他事已毕，方曰，贼安在，曰在南岸，乃从一二佐史而往观之，莫不骇愕。贼初持兵觇望，及见船中无人，又无兵仗，更闭营隐藏。敬业直入其营内告云："国家知汝等为贪吏所害，非有他恶，可悉归田里，无去为贼。"唯召其帅，责以不早降之意，各笞数十而遣之，境内肃然。

徐敬业只身见贼，贼不加害，且感其赦罪，悉归田里，则彼之为盗，非真盗也。《全唐文》卷一六九狄仁杰《请曲赦河北诸州疏》云：

诚以山东雄猛，由来重气，一顾之势，至死不回，近缘军机，调发伤重，家道悉破，或至逃亡，拆屋卖田，人不为售，内顾生计，四壁空然，重以官典侵渔，因事而起。

人而至“拆屋卖田，人不为售，内顾生计，四壁空然”，其不为匪为盗者几稀矣。故同书卷二三五席豫之《唐故朝请大夫吏部郎中上柱国高都公杨对君碑铭》云：

出为汾州孝义县令，前宰无良，下氓失业，稼穑之地，半为荒畴，桑榆之人，多任逋薮。

同书卷二一一陈子昂《上蜀川安危事（三条）》又云：

今诸州逃走户有三万余，在蓬、渠、果、合、遂等州山林之中，不属州县……其中游手惰业亡命之徒，结为光火大贼，依凭林险，巢穴其中，若以甲兵捕之，则鸟散山谷，如州县怠慢，则劫杀公行。

劫杀公行，虽系盗贼行为，然亦环境使然，固非彼辈杀戮成性也。

同书卷二七三崔沔《请勿废仙州议》云：

> 仙州四面，去余州界虽近，若据州而言则元远。土地饶沃，户口稀疏，逃亡所归，颇成渊薮，旧多劫盗，兼有宿寇。

如此情形，岂能长久维持？若加以天灾，便一溃不可收拾。僖宗时，黄巢之乱，莫不由此而起，《旧唐书》卷二〇〇下《黄巢传》云：乾符（僖宗年号）中，仍岁荒，人饿为盗，河南尤甚。《新唐书》卷五二《食货志》（二）亦云：

> 懿宗时……徒兵戍岭南，淮北大水，征赋不能办，人人思乱，及庞勋反，附者六七万。自关东至海，大旱，冬蔬皆尽，贫者以蓬子为面，槐叶为齑。乾符初，大水，山东饥，中官田令孜为神策中尉，怙权用事，督赋益急，王仙芝、黄巢等起，天下遂乱。

凡大乱之作，皆由于天灾迭作，民不聊生，若贪官酷吏，加以“怙权用事，督赋益急”，不啻火上加油。濒死之民，忍无可忍，唯有力图生存，崛起叛乱而已。

## 第四节 贵族阶级

### 一 贵族阶级之特殊地位

我国历史上，所谓贵族阶级，夏、商、周有之，魏、晋、南北朝，亦有之。前者之贵族，皆系公侯伯子男，以及诸侯之世臣。后者之贵族，多为大家世族。最著者，如南方之王、谢，北方之崔、卢、李、郑。唐承六朝之后，门阀犹存，高俭等修《氏族志》，崔干仍列第一，太宗改之，始降第三。《新唐书》卷九五《高俭传》云：

> 由是诏士廉（俭字）与韦挺、岑文本、令狐德棻责天下谱谍，参考史传，检正真伪，进忠贤，退悖恶，先宗室，后外戚，退新门，进旧望，右膏粱，左寒畯，合二百九十三姓，千六百五十一家，为九等，号曰《氏族志》，而崔干仍居第一。帝曰：“我于崔、卢、李、郑无嫌，顾其世衰，不复冠冕，犹恃旧地以取赀，不肖子，偃然自高，贩鬻松槚，不解人间何为贵之。齐据河北，梁陈在江南，虽有人物，偏方下

国，无可贵者，故以崔、卢、王、谢为重。今谋士劳臣，以忠孝学艺，从我定天下者，何容纳货旧门，向声背实，买昏为荣邪？太上有立德，其次有立功，其次有立言，其次有爵为公、卿、大夫，世世不绝，此谓之门户。今皆反是，岂不惑邪？朕以今日冠冕为等级高下。”遂以崔干为第三姓，班其书天下。

然此所谓贵族阶级不限于大族世家，即官僚地主亦包括在内。盖彼辈在政治上、刑法上、经济上及社会上，皆有特别地位，纵不是名门勋格，而一切享受实与贵族无异，称为贵族阶级，谁曰不宜。兹分述其特殊地位如下：

（一）赦死　“杀人者死，伤人及盗抵罪”，自古已然。惟唐代贵族阶级，触犯极刑，例多法外施恩，减轻论罪。《唐语林》卷二云：

郑光，宣宗之舅，别墅吏颇恣横，为里中患，积岁征租不入。户部侍郎韦澳为京兆尹，擒而械系之，及延英对，上曰：“卿禁郑光庄吏，何罪？”澳具奏之。上曰：“卿拟如何处置？”澳曰：“臣欲寘于法。”上曰：“郑光甚惜，如何？”澳曰：“陛下自内庭用臣为京兆，是使臣理畿甸积弊。若郑光庄吏，积年为蠹，得宽重典，则是朝廷之法独行贫下，臣未敢奉诏。”上曰：“诚如此，但郑光再三干朕，卿与贷法得否？不然，重决贷死，可否？”澳曰：“臣不敢不奉诏，但许臣且系之，俟征积年税物毕放出，亦可为惩戒。”

同书卷四，又有睿宗赐刘幽求铁券“特恕十死”之记载。似此赦死，《唐大诏令》不一而足。然则贵族阶级，除犯上作乱外，触法犯禁，死者盖寡。

（二）免课役　唐代赋役，初为租庸调，后改两税制。依法人人皆有当兵纳税之义务，惟朝廷对于皇亲懿戚，及九品以上官吏，特免课役。《新唐书》卷五五《食货志》（五）云：

自王公以下，皆有永业田。太皇太后、皇太后、皇后缌麻以上亲内命妇，一品以上亲郡王，及王官以上祖父兄弟，职事；勋官三品以上有封者，若县男父子国子太学，四门学生、俊士、孝子、顺孙……废疾、笃疾、寡妻妾、部曲、客女……及视九品以上官，不课。

同时富户豪族，亦多邀幸免。《唐语林》卷二云：

宣宗赐郑光云阳鄠县田，皆令免税。宰臣奏不可，上曰："朕初不思尔，卿等每为匡救，必极言毋避。亲戚之间，人所言，苟非忠爱，何以及此。"

《新唐书》卷五三《食货志》（三）又云：富户幸免徭役，贫者破产。

贵族阶级，田园广大，"蚕而衣，耕而食，不持一钱以输王赋"。而地无立锥之劳动阶级，反"私税十，公税一"，国法人情，焉得其平？

（三）荫子为官　唐代文官武职，类以贵族阶级子弟为之。《旧唐书》卷七四《马周传》云：

刺史多武夫勋人……折冲果毅之内，有身材强者，先入为郎将，其次始补外任。

《唐六典》卷五"兵部"条，述之尤详：

择其资荫高者为亲卫（取三品以上子、二品以上孙为之），又次者勋卫（四品子、三品孙以上之曾孙为之），又次者翊卫，及率府之勋卫（四品孙、职事五品子孙、三品曾孙、若勋官三品有封者及国公之子为之），又次者为诸卫，及率府之翊卫（五品以上并柱国若有封爵兼带职事官为之），又次者为王府执仗执乘（散官五品以上子孙为之）。

足证唐代武官，多由官僚子弟备员充数，至于文官，亦莫不如是。《新唐书》卷四五《选举志》（下）云：

时李峤为尚书，又置员外郎二千余员，悉用势家亲戚，给俸禄使厘务，至与正官争相殴者，又有检校、敕摄、判知之官。神龙二年，峤复为中书令，始悔之，乃停员外官厘务。中宗时，韦后及太平、安乐公主等用事，于侧门降墨敕斜封授官，号“斜封官”，凡数千员，内外盈溢，无听事以居，当时谓之“三无坐处”，言宰相、御史及员外郎也。

据李德裕意见，以为贵族子弟，少习朝仪，不教而自成，用之为官，自比贫寒子弟为优。同书卷四四《选举志》（上）云：

然臣（李德裕）祖天宝末，以仕进无他技，勉强随计，一举登第。自后不于私家置《文选》，盖恶其祖尚浮华，不根艺实。然朝廷显官，须公卿子弟为之，何者？少习其业，目熟朝廷事，台阁之仪……不教而自成，寒士纵有出人之才，固不能闲习也。

试问朝廷之事，台阁之仪，草野智士，岂真无闲习之理？德裕之论，不值一驳。

（四）子弟入国学　据《礼记·王制篇》，周代贵族阶级之子弟，皆入国学；庶人之子弟，则入乡学。贵族平民，教育上之不平等，自古已然。唐代高等教育，即国子监及太学只收官僚子弟，较次之四门学，及律、书、算等学，始收庶人子弟。《新唐书》卷四四《选举志》（上）云：

凡学六，皆隶于国子监。国子学生三百人，以文武三品以上子孙，若从二品以上曾孙，及勋官二品、县公、京官四品带三品勋封之子为之；太学生五百人，以五品以上子孙，职事官五品期亲，若三品曾孙，及勋官三品以上有封之子为之；四门学生千三百人，其五百人以勋官，三品以上无封，四品有封，及文武七品以上子为之；八百人以庶人之俊异者为之；律学生五十人，书学生三十人，算学生三十人，以八品以下子及庶人之通其学者为之。

科举制度，虽始于隋，而盛于唐。草野下士，皆有进身之路。然贵族平民之子弟，所受教育，仍不平等。“贵者恒贵，贱者恒贱”，此之谓欤。

## 二　贵族阶级之庄园

“庄园”二字，意义本不相同，“庄”或曰“墅”，曰“别业”，曰“山居”，皆为贵族阶级游乐养生之地。“园”本系种瓜果、蔬菜等，为老农老圃仰事俯畜之所。然唐代“庄园”二字连用，不含此意，乃泛指田地而言。钱易《南部新书》已云：

> 崔群，元和十年典贡，放三十人……时群夫人李氏谓之曰：“君子弟成长，合置庄园乎？”对曰：“今年已置三十所矣。”

此言“庄园”，虽不明指为田地。然据李亢《独异志》卷下云：

> 唐崔群为相，清名甚重。元和中，自中书舍人知贡举。既罢，夫人李氏因暇日，常劝其树庄田，以为子孙计。笑答曰：

“余有三十所美庄，良田遍天下，夫人何忧？”夫人曰：“不闻君有此业。”群曰：“吾前岁放春榜三十人，岂非美田耶。”夫人曰：“若然者，君非陆相门生乎，然往年君掌文柄，使人约其子简礼，不令就春闱之试，如君以为良田，则陆氏一庄荒矣。”群惭而退，累日不食。

则为田地，毫无疑义。原来唐代贵族阶级，多于城内有宅，郊外有庄。宅为每日燕居之地，庄为暇时消遣之所；宅以供休息，庄以供娱乐。然年老致仕之公卿百官，多隐于城外之庄。因此庄上，每种花木，凿川水，辟田地。虽曰“墅”、“别业”或“山居”，名为游乐之所，实则养老之地。所以凡称为“庄”，必占有广大面积之田地，所谓“庄园”二字，泛指田地而言，盖为此也。

唐代贵族阶级，一因是“贵”，二因是“富”，三因有“势力”，皆占有广大面积之庄园。此种庄园，不由于皇帝赐予或自己购买，即由于夺取他人，所谓“公半私半贼得半”，迨其近之。兹据《旧唐书》，例举赐予之庄园如下：

及京师平，赐良田千顷，甲第一区，物四万段。（卷五七《裴寂传》）

（李袭誉）尝谓子孙曰："近京城有赐田十顷，耕之可以充饥，有赐桑千树，蚕之可以充衣。"（卷五九《李袭志传》）

李神通有功，太宗乃给田数十顷。（卷六四《李建成传》）

高祖大喜曰："徐世勣感德推功，实纯臣也……赐姓李氏，良田五十顷，甲第一区。"（卷六七《李勣传》）

（段秀实）谥曰忠烈，宣付史官，仍赐实封五百户，庄宅各一区。（卷一二八《段秀实传》）

天宝以前，行均田制，丁男给永业田二十亩，口分八十亩，共百亩，即一顷。赐予贵族阶级之田，多至千顷，少亦数十顷，且皆肥沃之地，两相比较，差悬殊甚。同时规定月俸，数又不少，例如"中书侍郎，月费俸钱数十万"（同书卷一七六），"留守之任，俸每月二千余贯"（同书卷一一三），"官品至第五，月俸四五万"（同书卷一六八）。仓中添粟，富者益富，不知贵族阶级，何以得帝独厚，如此其甚。

次为购买或夺取之庄园。唐代贵族阶级唯一之特性，即好购买田地，时人称为"地癖"。《旧唐书》卷一八七下《李憕传》云：

憕丰于产业，伊川膏腴，水陆上田，修竹茂树，自城及阙口，别业相望，与吏部侍郎李彭年，皆有“地癖”。

因此购买或夺取之田地，所在多有。同书卷九九《张嘉贞传》云：“比见朝士，广占良田，及身没后，皆为无赖子弟，作酒色之资，甚无谓也。”卷五八《长孙顺德传》又云：“前（泽州）刺史张长贵、赵士达并占境内膏腴之田数十顷。”《唐会要》卷八三“元和十四年敕”亦云：

如闻诸道州府长吏，或有本任得替后，遂于当处买百姓庄园舍宅。或因替代情弊，便破定正额两税，不出差科，今后有此色，并勒依元额为定。

顾无论为占田，或买田，类皆违法强夺，并非出于合法手续，《册府元龟》卷四九五引“天宝十一载十一月乙丑之诏”云：

如闻王公百官及富豪之家，比置庄田，恣行吞并，莫惧章程。借荒者皆有熟田，因之侵夺。置牧者唯指山谷，不限多少。爰及口分永业，违法买卖，或改籍书，或云典贴，致令百姓无处安置，乃别停客户，使其佃食，既夺居人之业，实生浮惰之端，远近皆然。因循亦久，不有厘革，为弊虑深。其王公百官，勋荫等家，应置田庄，不得逾令式。

唐代贵族阶级，多为皇亲懿戚，公卿百官，威权煊赫，下民斯惧，强夺田地，想必不少。可知玄宗以前，虽实行均田制，但实行之程度与范围，并非彻底普遍，兼并之风，依然滋蔓。所谓“王公百官，勋荫等家，应置庄田，不得逾令式”，则贵族阶级庄田广大、漫无限制，一般可鉴。

贵族之庄园，系泛指田地，前已言之，所以庄园，不独为游乐之所，且系养生之地，兹特举辋口庄、平泉庄及司空庄言之，以见贵族庄园生活之一斑。

（一）辋口庄　《唐诗类苑》卷一六八宋之问《蓝田》诗云：

宦游非吏隐，心事好幽偏。考室先依地，为农且用天。辋川朝伐木，蓝水暮浇田。独与秦山老，相欢春酒前。

《旧唐书》卷一九〇下《王维传》更有明显之叙述。

晚年长斋，不衣文彩，得宋之问蓝田别墅，在辋口，辋水周于舍下，别涨竹洲花坞，与道友裴迪浮舟往来，弹琴赋诗，啸咏终日。

辋口，一名辋谷，又名辋川，在陕西蓝田县西南，由南流来之小河，汇集于此，形如车辋，故名。竹洲花坞，风景幽邃，唐书称为“别墅”，朱子则名“辋口庄”，《朱子集》卷九九《次韵雪后书事》诗云：“满山残雪对虚堂，想见当年辋口庄。”此庄初属宋之问，后归王维，宋为武后时诗人，王为玄宗时名士，为唐初有名之庄。

（二）平泉庄　《唐语林》卷七云：

平泉庄，在洛城三十里，卉木台榭甚佳。有虚槛引泉水，萦回穿凿，像巴峡洞庭十二峰九派迄于海门……有巨鱼肋骨一条，长二丈五尺，其上刻云：“会昌二年，海州送到”，在东南隅。平泉即征士韦楚老拾遗别墅。楚老风韵高邈，好山水，卫公为丞相，以白衣擢升谏官，后归平泉，造门访之，楚老避于山谷，卫公题诗云：“昔日征黄绮，余惭在凤池，今来招隐士，恨不见琼枝。”庄周围十余里，台榭百余所，四方奇花异草与松石，靡不置其后。石上皆刻

"支遁"二字，后为人取去，其所传雁翅桧、珠子柏、莲房玉蕊等，仅有存者（原注：桧叶婆娑如鸿雁之翅。柏宝皆如珠子，丛生叶上，香闻数十步。莲房玉蕊，每跗萼之上，花分五朵，而同其一房也）。怪石名品甚众，各为洛阳城族有力者取去。有礼星石、狮子石，好事者传玩之（原注：礼星石，纵广一丈，厚尺余，上有斗极之象。狮子石，高三四尺，孔窍千万，递相迩贯，如狮子，首尾眼鼻皆全）。

平泉庄，有奇花异草，泉水怪石，"周围十余里，台榭百余所"，规模极为宏大，初系韦楚老别墅，后归李德裕。德裕为武宗宰相，此为中唐有名之庄。

（三）司空庄　《南部新书》章云：

司空图侍郎，旧隐三峰。天祐末，移居中条山王官谷。周回十余里，泉石之美，冠于一山。山严之上有瀑泉，流注谷中，溉良田数十顷，至今子孙犹存，为司空之庄耳。

中条山，为太行山支脉，王官谷，在今山西虞乡县东南。司空之庄，中有瀑泉，有良田，"周回十余里"，规模之大，与平泉庄等。司空图为僖宗、昭宗时代名臣，其庄是为晚唐有名之庄。

此外，初唐名臣，如元载、郭子仪、杜式方、裴度等，亦各有别墅——庄园（见《旧唐书》各人本传）。

林泉花草，风景怡人，就中尤以裴度之庄为幽雅。《旧唐书》卷一七〇《裴度传》云：

> 又于午桥创别墅，种植花木万株，中起凉台暑馆，名曰“绿野堂”。引甘水贯其中，酾引脉分，映带左右。度视事之隙，与诗人白居易、刘禹锡酣宴。终日高歌放言，以诗酒自乐，当时名士皆从之游。

午桥在洛阳城内，周格非《洛阳名园记》云：“唐贞观开元之间，公卿贵戚开馆列第于东都者，号为千有余邸”，则洛阳城内，别墅必定不少。裴度别墅，不过较为著名。由此可知唐代庄园，固非尽在郊外，城内亦有之。

唐代贵族阶级，多养奴隶，庄园中之田地，当然使之耕种，然以地面辽阔，“周围十余里”，田多至千顷，自家奴隶，不敷应用，不能不利用佃户，耕种田地，收其租税，以供挥霍（详“劳动阶级之逃亡”节）。此种佃户，称为客户或庄客，《册府元龟》卷四九五“田制”条引“开元二十四年诏”

云：爰及口分永业，违法买，或改籍书，或典贴，致有百姓无处安置，乃别停客户，使其佃食。《全唐文》卷二一一陈子昂《上蜀川安危事（三条）》云："今诸州逃户有三万余，在蓬、渠、果、合、遂等州山林之中，不属州县，土豪大族，阿隐相容。"土豪大族收纳逃户（即客户），留居庄上耕种田地。结果致"客户"二字，可作佃农解。庄园之大者，收容客户，多至数百人，一家数口，集居一隅，于是庄园之中，发生客户所居之村落。后世称农村为"庄"，称农家为"庄户"，称农民为"庄家人"，其义追起于此。

## 三　贵族阶级经营工业机器

贵族阶级经营工业机器，最著者为妨害农田水利之碾硙。"碾硙"二字之解释，本无一定。《唐律疏议》卷四释文："碾，磨上转石也。硙，磨下定石也。"则碾硙，系碎物成粉之磨，上下两石块，同为一物。

释道宣《续高僧传》卷一七《昙崇传》"水硙及碾，上下六具"，及《令义解》卷杂一〇碾硙注"谓水碓也，作米曰碾，作面曰硙"，则碾为压谷麦以除壳，硙为碎谷麦以成粉，各为一物，与唐律不同，然不论其为一物或二物，但皆靠水力，始见功效则一。所以盛设碾硙之地，自然妨害农田灌溉，《唐六典》卷七“水部郎中”条云：

> 凡水有溉灌者，碾不得与争其利。注：“季夏及于仲春，皆闭斗门，有余乃得听用之。”

对于碾硙用水，加以限制，然长安附近，郑渠、白渠两岸，农田如网，贵族阶级之碾硙，依然乱用水力，朝廷三令五申，犹不能制止。《文献通考》卷六《田制》引“永徽六年雍州长史长孙祥奏”云：

> 往日郑白渠溉田四万余顷，今为富商大贾，竞造碾硙，堰遏费水……太尉长孙无忌曰：“白渠水带……此为碾硙，用水泄渠。”

高宗时代，富商碾硙之多，可想而知，《旧唐书》卷九八《李元纮传》云：

> （三辅）诸王公权要之家，皆缘渠立硙，以害水田。元纮令吏人一切毁之，百姓大获其利。

则不独富商为然，即公卿百官，亦皆有之。据同书同传，贵如太平公主，且以争碾硙，而与僧寺兴讼。代宗大历十三年，以白渠水支流贵族阶级碾硙林立，下诏毁之，亲如升平公主，且不能劝止，足见碾硙之害农。《旧唐书》卷一二〇《郭暧传》云：

> 大历十三年，有诏毁除白渠水支流碾硙，以妨民溉田。升平公主有脂粉硙两轮，郭子仪私硙两轮，有司未敢毁彻。公主见代宗诉之，帝谓公主曰："吾行此诏，盖为苍生，尔岂不识我意邪？可为众率先。"公主即日命毁。由是势门碾硙八十余所，皆毁之。

唐之中叶，宦官势力勃兴，经济基础，亦于长安附近，设置碾硙。例如《旧唐书》卷一八四《高力士传》云："于京城西北截澧水，作碾并转五轮，日破麦三百斛。"高力士之碾硙，规模必大，始能"日破麦三百斛"。此时除私有碾硙外，京兆及诸州府，皆有官设碾硙。此种碾硙，初由内庄宅使管理。穆宗即位，除京兆府内河府外，皆改属所在地之官厅。诸州之碾硙，例如《旧唐书》卷一八五上《王方翼传》云：

五迁肃州刺史……又出私财，造水碾硙，税其利以养饥馁，宅侧起舍十余行以居之，属蝗俭，诸州贫人死于道路，而肃州全活者甚众……

地方官之设碾硙，必不止方翼一人，惟如方翼之以社会为怀，实凤毛麟角。设碾硙之意，原为贷与他人，征取赁金，由《王方翼传》“税其利，以养饥馁”，及《册府元龟》卷四九一“贞元二十一年敕”“免除畿内及诸州府、庄宅、店铺、车坊、园硙、零地等缺租”，即足证明。

碾硙赁出，既有利可图，故不独公卿百官，富商大贾，竞相设置。即坐食阶级，亦多有之。例如长安清禅寺，道宣《续高僧传》卷一七《昙崇传》云：

隋氏晋王钦敬禅林，降威为寺檀越，前后送户七十有余，水硙及碾、上下六具，永充基业，传利于今。

足知碾硙为寺院重要之财源，清禅寺之上六具碾硙，于贞观十九年道宣著书时尚且存在，后永为此寺之不动产。因此清禅寺之富，竟冠京师。同书卷二九《慧胄传》云：

所以竹树森繁，园圃周绕；水陆庄田，仓廪碾硙，库藏盈满，莫匪由焉。京师殷有，无过此寺。

然寺之置碾硙，固不限于清禅，又不限于佛寺，道观亦有之，《唐会要》卷八九“碾硙”条云：

广德二年三月，户部侍郎李栖筠、刑部侍郎王翊充、京兆少尹崔昭奏请：拆京城北白渠上王公寺观碾硙七十余所，以广水田之利，计岁收粳稻三百万石。

毁碾硙七十余所，“岁收粳稻三百万石”，则贵族阶级工业机器，足为民害，于此益信。

除碾硙外，则为建筑店铺。唐代贵族阶级多于通都大邑建筑商店，赁租取利。京都之内，此种商店比比皆是。《全唐文》卷三二玄宗“禁赁店干利诏”条略云：

南北卫百官等，如闻昭应县两市及近场处，广造店铺，出赁与人，干利商贾，莫甚于此。自今已后，其所赁店铺，每间月估不得过五百文，其清资官准法不可置者，容其出卖，如有违犯，具名录奏。

可知此种店铺，贷予商人，课金颇高，玄宗为体恤商艰，乃规定每月赁价不能超过五百文。此诏之年月，虽不可考，然《旧唐书·玄宗本纪》开元二十九年正月有“禁九品以下清资官置客舍邸店车坊”之文，与此不无关系。所谓“邸店”，即《唐律疏议》卷四“邸店者，居物之处为邸，沽卖之所为店”之意。邸系附属于店铺，畿内及诸州府，所有官置店铺，赁予人民。观前引《册府元龟》“贞元二十一年（805年）敕”，自无疑义，且《旧唐书·宪宗本纪》云：

> （元和八年）敕，应赐王公、公主、百官等庄宅、碾硙、店铺、车坊、园林等，一任贴典货卖，其所缘税役，便令府县收管。

庄宅店铺等，既可贴典货卖，赁租自无问题。且观前引《册府元龟》卷四九一“贞元二十一年敕”：“免除畿内及诸州府、庄宅、店铺、车坊、园硙、零地等缺租”，益足证明。

中唐以后，王公百官，及天下长吏，且多置肆贸易，与民争利，代宗大历十四年七月，始诏禁之。《唐会要》卷八八云：

（大历）十四年七月，令王公百官及天下长吏，无得与人争利。先于扬州置邸肆贸易者罢之。先是诸道节度观察使，以广陵当南北大冲，百货所集，多以军储货贩列置邸肆，名托军用，实私其利息，至是乃绝。

当时广陵（扬州）为南北交通要冲，且系中外贸易商埠，商业之盛，甲于全国，时人有“扬一益二”之称，无怪公卿百官及节度使等竞于此设店，谋什一之利也。然不独官僚军阀设置商店，即佛寺亦有之，《金石萃编》卷一一三《重修大像寺记》，数及此寺不动产，有“东市善和坊店舍六间半”，即足证明。

唐代之贵族阶级，经济生活，除以土地，即庄园为基础外，并有碾硙、邸店等不动产为重要财源。此种财源，获利匪浅。因此交通广大，生活豪奢，影响于时代精神——即国民生活之弛缓。迨玄宗末年，社会变乱，终于一蹶不振，推源祸因，谁尸其咎?

## 四　贵族阶级之生活

人类生活之保证，全以经济为基础。唐代贵族阶级，位尊多金，兼以土地之兼并，庄园之设置，碾硙、邸店等之领有，一般生活，自然流于奢侈，就中尤以皇亲懿戚为甚。例如玄宗时，杨贵妃姊妹，以金翠珠玉饰车，费至数十万贯。郑处诲《明皇杂录》云：

贵妃姊妹，竞饰车服，为一犊车，饰以金翠，间以珠玉，一车之费，不啻数十万贯。既而重甚，牛不能引，因复上闻，请各乘马。于是竞购名马，以黄金为衔笼，组绣为障泥，共会于国忠宅，将同入禁中，炳炳照灼，观者如堵。自国忠宅至于城东南隅，仆御车马，纷纭其间。国忠方与客坐于门下，指而谓客曰："某家起于细微，因缘椒房之亲，以至于是，吾今未知税驾之所，念终不能致令名，要当取乐于富贵耳。"由是骄奢僭侈之态纷然，而昧处满持盈之道矣。太平公主玉叶冠，虢国夫人夜光枕，杨国忠锁子帐，皆稀代之宝，不能计其值也。

而每岁脂粉之费，且需至百万贯者。《新唐书》卷七六《杨贵妃传》云：

由是愈见宠，赐诸姨（贵妃姊妹）钱岁百万，为脂粉费，铦（贵妃宗兄）以上柱国，门列戟，与铦、国忠（皆贵妃兄）、诸姨，五家第舍联亘，拟宪宫禁，率一堂费缗千万。见他第有胜者，辄坏复造，务以环侈相夸诩，土木工不息。

所谓“见他第有胜者，辄坏复造”，则当时夏屋渠渠，固不止杨氏一门，不过杨氏，豪奢好胜，加人一等耳。

王仁裕《开元天宝遗事》，多记贵族阶级之生活。就中以长安王元宝、杨崇义、郭万金三人，最为奢侈，兹录王氏述王元宝之生活如下：

王元宝，都中巨豪也。常以金银，叠为屋壁，上以红泥之。又于宅中置一礼贤堂，以沈檀为轩槛，以瑊玞甃地面，以锦文石为柱础，又以铜线穿钱甃于后园花庭中，贵其泥雨不滑也。四方宾客，所至如归，故时人呼为王家富窟。

王元宝为天下大富，故称“富窟”。李冗《独异志》卷中亦述其富豪如下：

唐富人王元宝，玄宗问其家财多少，对曰：“臣请以一缣系陛下南山一树，南山树尽，臣缣未穷。”时人谓钱为王者，以有元宝字也。

一日，玄宗坐于含光殿，望见一白龙，飞过南山上，问诸左右，皆称不见，急召王元宝问之。盖以其天下之至富，可以敌天下之至贵，必能见之。同书卷中又云：

玄宗御含光殿，望南山见一白龙，横亘山上，问之左右，曰："不见。"急召元宝问之，元宝曰："见一物横在山顶，不辨其状。"左右贵人启曰："何臣等不见，元宝独见之也？"帝曰："我闻至富敌至贵，朕天下之主，而元宝天下之富，故也。"

"至富敌至贵"，足以反映当时时代之思想。唐之中期，贵族阶级奢侈生活，绝不止元宝一人。观玄宗屡次下诏禁止奢侈，一般可见。例如开元二年，诏禁王公百官，服用金、银、珠、玉、锦、绣等。《唐大诏令》卷一〇八"禁奢侈服用敕"条云：

敕，雕文刻镂，衣纨履丝，习俗相夸，殊涂竞爽，致伤风俗，为弊良深，珠玉锦绣，既令禁断。准式三品以上饰以玉，四品以上饰以金，五品以上饰以银，宜于腰带及马衔镫酒杯杓，依式，自外悉铸为铤。妇人衣服，各随夫子，其已有锦绣衣服，听染为皂，成段者官为市取。天下更不得采取珠玉，刻镂器玩，造作锦绣、珠绳、织成帖绢、二色绮绫罗、作龙凤、禽兽等异文字，及坚栏锦文者，违者杖一百，受雇工匠，降一等科之。两京及诸州，旧有官织锦坊悉停。

同书卷一〇九“禁断锦绣珠玉敕”条又云：

今王侯勋戚，下洎厮养，所得者重于远，所求者贵于异。至于雕文刻镂，衣纨履丝，习俗相夸，殊涂竞爽，有妨于政，无补于时，岂朕言之不明，教之未笃也。

同时又诏禁富豪丧葬越礼，同书卷八〇“禁丧逾礼制”条云：

丧葬礼仪，盖惟恒式。如致乖越，深蠹公私。乃有富族豪家，竞相逾滥，穷奢极侈，不遵典法。至于送终之具，著在条令，明器之徒，皆有色数，遂敢妄施队伍，假设幡旓，兼复创造园宅，雕剪花树，或桐簖木马，功用尤多，或吉举凶，彩饰殊贵，诸如此类，不可胜言。

《通典·凶礼典》亦云：

开元二十九年敕，明器墓田……皆以素瓦为之，不得用木及金银铜锡。其衣不得用罗绣画，其下帐不得有珍禽奇兽，鱼龙化生，其园宅不得广作院宇多列侍从。其辖车不得用金铜花，结彩为龙凤，及旒苏画云气。

且不独玄宗时代为然，即初唐及晚唐，奢侈之风，亦颇盛行，张鷟《朝野佥载》卷一云：

宗楚客造一宅新成，皆是文柏为梁，沉香和红粉以泥壁，开门则香气蓬勃。磨文石为阶砌及地，着吉莫靴者，行则仰仆。楚客……配流。太平公主，就其宅看，叹曰："看他行坐处，我等虚生浪死。"一年追入为凤阁侍郎，景龙中为中书令。

宗楚客为武后内史，中宗时，官不过中书令。顾宫室之华，贵如太平公主，亦望而兴叹。则位尊爵高于楚客者，繁华豪奢，恐非笔墨所能形容。刘餗《隋唐嘉话》卷一云：“（中宗）景龙中妃主家，竞为奢侈，驸马杨慎交、武崇训，至油洒地以筑毬场。”可知玄宗以前，贵族阶级生活奢侈之一斑。玄宗晚年安史变乱，皇室播迁，生灵涂炭，后虽赖郭子仪、李光弼等讨平大乱，然国家元气大伤，财政陷于危境，同时养兵过多，民生益困。范祖禹《唐鉴》卷九云：

> 开元之前，每岁供边兵衣粮费，不过二百万。天宝之后，边将奏益兵浸多，每岁用衣千二十万，正粮百九十万斛，公私劳费，民始困苦矣。

豪奢之风，本当稍戢，不过事实上却不如此。《新唐书》卷一二二《韦陟传》云：

> 性侈纵，喜饰服马，侍儿阉童列左右，常数十，侔于王宫主第。穷治馔羞，择膏腴地艺谷麦，以鸟羽择米，每食视庖中所弃，其直（值）犹不减万钱，宴公侯家，虽极水陆，曾不下箸。常以五采笺为书记，使侍妾主之，其裁答受意而已，皆有楷法，陟唯署名，自谓所书“陟”字若五朵云，时人慕之，号“郇公五云体”。

韦陟为玄宗、肃宗时人，官至吏部尚书，每食厨中所弃，犹值万钱，则其所食，耗费之大，更仆难数。同书卷一四〇《裴冕传》亦云：

> 冕以忠勤自将，然不知宰相大体，性豪侈，既素贵，舆服食饮，皆光丽珍丰，枥马直（值）数百金者常十数，每广会宾客，不能名其馔，自制巾子工甚，人争效之，号“仆射巾”。

裴冕于代宗时，官拜左仆射同中书门下平章事。“每广会宾客，各不能名其馔”，耗费之大，恐不在韦陟之下。回看当时劳动阶级，生活之苦，真如杜甫《自京赴奉先县咏怀五百字》诗所云：“朱门酒肉臭，路有冻死骨。”德宗初，元载以宰相退居，生活豪侈，旷代无匹。苏鹗《杜阳杂编》卷上云：

> 元载末年，造芸辉堂于私第，芸香草名也。出于阗国，其香洁白如玉，入土不朽烂，舂之为屑，以涂其壁，故号芸辉堂焉。更构沉檀为梁栋，饰金银为户牖。内设悬黎屏风，紫绡帐，其屏风木杨国忠之室也。屏上刻前代美女伎乐之形，外以玳瑁水犀为押，又络以真珠，瑟瑟精巧之妙，殆

非人工所及。紫绢帐，得于南海溪洞之酋帅，即鲛绡之类也。轻疏而薄，如无所碍，虽属凝冬，而风不能入。盛夏则凉自至。其色隐隐焉，不知其为帐也。谓载卧内者，有紫气，而服玩之奢，僭拟于帝王之家，芸辉之前有池。悉以文石砌其岸。

晚唐诗人聂夷中愤豪族骄横、生活奢侈以及目不识丁，身封万户侯，作《公子行》以讥之：

汉家多豪族，恩深益骄逸。走马踏杀人，街吏不敢诘。
红楼宴青春，数里望云蔚。金缸焰胜画，不畏落晖疾。
美人画明月，南威莫能匹。芙蓉自天来，不向水中出。
飞琼奏云和，碧箫吹凤质。唯恨鲁阳死，无人驻白日。
花树出墙头，花里谁家楼。一行书不读，身封万户侯。
美人楼上歌，不见古凉州。（《聂夷中诗集》）

且不独中央官吏生活豪侈，即地方藩镇，亦多宫室丽都，竞务奢华。《旧唐书》卷一五二《马璘传》云：

天宝中，贵戚勋家，已务奢靡，而垣屋犹存制度。然卫公李靖家庙，已为嬖臣杨氏马厩矣。及安史大乱之后，法度隳弛，内官戎师，竞务奢豪，亭馆第舍，力穷乃止，时谓“木妖”。璘之第，经始中堂，费钱二十万贯，他室降等无几。及璘卒于军，子弟护丧归。京师士庶，观其中堂，或假称故吏，争往赴吊者，数十百人。德宗在东宫，宿闻其事，及践祚，条举格令，第舍不得逾制，仍诏毁璘中堂，及内官刘忠翼之第。璘家园，进属官司，自后公卿赐宴，多于璘之山池，子弟无行，家财寖尽。

马璘，代宗时为四镇北庭行营节度使，大历十一年卒于官。可见中唐之际，各地藩镇宫室之美。马璘“木妖”不过彰明较著耳。

唐代贵族阶级，生活奢侈，本不止此数人，且不限于食住方面，不过举一反三，以为一般之鉴。

## 第五节　坐食阶级

### 一　僧尼之发生

我国古时，本无宗教。有之，自汉代始。汉哀帝元寿元年，博士弟子秦景宪受大月氏使伊存口授《浮屠经》，后孝明帝，遣蔡愔使天竺求经，佛教自此传入中国。道教虽渊源于周末，方士神仙之说，然亦至汉张陵，假托老子为教主，始蔚为大观。从此二教于政治上、经济上及思想上，发生莫大影响，就中尤以佛教为甚。佛教于汉魏之间，已有人出家为僧尼，成立坐食阶级。《事物纪原》卷七“尼”条云：“《僧史略》又曰：‘汉明帝既听刘峻等出家，又听洛阳妇女阿潘等出家，此盖中国尼之始。’”同书同卷“受戒”条又云：“北方受戒，自魏朱士行为之首也。”《隋书》卷一〇《经籍志》亦云：“黄初中，中国人始依佛戒剃发为僧。”

南北朝时期，战争连年，赋役繁苛。上流阶级，思想厌世，劳苦民众，规避徭役，相率出家。北魏僧尼，多至二百万。《魏书》卷一二《释老志》云：

> （太和）十六年诏，四月八日，七月十五日，听大州度一百人为僧尼，中州五十人，下州二十人，以为常准……（熙平）二年春，灵太后令曰：“常度僧，依限大州应百人者，州郡于前十日解送，三百人，其中州二百人……”正光以后，僧尼大众二百万矣。

同书同志又云：“自今有一人私度者，皆以违旨论”，则不但公度僧尼非常流行，即私度僧尼亦如日方升，故国家严令制止之。

南朝僧尼，亦不逊于北朝，例如梁武帝时，僧道人口，竟占天下之半，《南史》卷七《郭祖深传》云：

祖深尤言其事，条以为都下佛寺五百余所，穷极宏丽，僧尼十余万，资产丰沃，所在郡县，不可胜言。道人又有白徒，尼则畜养女，皆不贯人籍，天下户口，几亡其半。

“天下户口，几亡其半”，则国家兵赋，必蒙莫大损失，南朝之不振，僧尼实尸其咎。唐武宗谓：“晋、宋、梁、齐，物力固瘵，风俗浇诈，莫不由是而致也。”（《唐会要》卷四七）允称公论。

自隋以至唐，佛道两教：一以具悠久之历史；一以帝室与教主同姓，势力日盛，在社会上、政治上占有相当地位，同时国家经济亦受莫大之损失，所谓“坐食阶级”，盖为此也。

## 二 坐食阶级之度牒

唐代度牒，分公度、私度两种。前者系国家筹措军饷，以救时艰，后者为地方官吏与僧道，图谋诈财，以饱私囊。故人无问僧道，度无论公私，皆系一丘之貉，徒耗国家经费而已。

今先以公度论之，玄宗时，以安禄山之乱国库空虚，举行度牒。《新唐书》卷五一《食货志》（一）云：

及安禄山反，司空杨国忠以为正库物，不可以给士，遣侍御史崔众至太原，纳钱度僧尼道士，旬日得百万缗而已。

肃宗在灵武，亦以军用不足，实行度牒，《佛祖统纪》卷四〇云：“（至德元年）帝在灵武，以军须不足，宰相裴冕请鬻僧道度牒，谓之香水钱。”《新唐书》卷五一《食货志》（一）亦云：

肃宗即位……以天下用度不充，诸道得召人纳钱，给空名告身，授官勋邑号，度道士僧尼，不可胜计……又于关辅诸州，纳钱度道士僧尼万人。

此事，《新唐书·肃宗本纪》及《裴冕传》，记载亦同。论者谓唐代度牒即始于此，其实不然，《广弘明集》卷三五《太宗度僧于天下诏》云：

天下诸州，有寺之处，宜令度人为僧尼，总数以三千为限。其州有大小，地有华夷，当处所度多少，委有司量定，务取精诚德业。

盖始于太宗时也。不过此时，度牒之钱乃入私家，玄肃以后，始归公府。《新唐书》卷一二二《魏元忠传》云：

今（中宗时）度人既多，缁衣半道，不本行业，专以重宝附权门，皆有定直（值）。昔之卖官，钱入公府，今之卖度，钱入私家。以兹入道，徒为游食。

至于私度，唐代亦极盛行，例举如下：

（则天时）……今道人私度者几十万，其中高户多丁，黠商大贾，诡作台符，羼名伪度。（《新唐书》卷一二三《李峤传》）

中宗时，近戚奏度僧尼，温户强丁，因避赋役。（同书卷一二四《姚崇传》）

朕（玄宗）先知此弊，故预塞其源，不度人来，向二十载，访闻在外，有三十以下小僧尼，宜令所司及府县，括责处分。（《唐大诏令》卷一一三“不许私度僧尼及住兰若敕”）

（宪宗时）王智兴所属泗州，置僧尼戒坛。（《旧唐书》卷一七四《李德裕传》）

（敬宗时）殷侑于洪州戒坛度僧。（同书《敬宗本纪》）

比来（文宗时）京城及诸州府三长斋月，置讲集众兼戒忏，及七月十五日，解夏后巡门家，提剥割生人妄称度脱者，并宜禁断。（《唐大诏令》卷一一三“条流僧尼敕”）

按《唐律疏议·户婚》，本有“私入道及度之者杖一百”之规定，观此，可知法律自法律，度牒自度牒也。度牒既不出之以正，僧道自然低劣，故代宗命令僧尼，每日须有两小时行道礼拜。《唐大诏令》卷一一三“条贯僧尼敕”云：

其寺观除三纲并老病不能支持者，余并俾每日二时行道礼拜，如有弛慢，并量加科罚。（宝应元年八月）

文宗时，又有念经考试之规定，《唐大诏令》卷一一三“条流僧尼敕”云：

其僧尼在城，委功德使，其诸州府，委本任长吏试经，僧尼并须读得五百纸，文字通流，免有舛误，兼数内念得三百纸，则为及格。京城敕下后，诸州府敕到后，许三个月温习，然后试练，如不及格，便勒还俗。其有年过五十以上，筋力既衰，及年齿未至，夙婴痼疾并喑聋跛躄不能自存者，并不在试经限。

盖所以防俗人入道，破坏清规也。度牒价目，公度方面，通例每人纳钱二缗，《旧唐书》卷一七四《李德裕传》云："访闻泗州置坛次第，凡僧徒到者，人纳二缗给牒。"私度价格多少，史籍未详，或系因人地而异，无一定标准也。

## 三 坐食阶级之权势

唐代皇帝崇拜佛老，因此坐食阶级权势日大，高祖时曾授道士爵位，《大唐创业起居注》卷中云：

> 其来诣军前者，帝并节级授朝散大夫以上官。至于逸民道士，亦请效力……逸民道士等，诚有可嘉，并依前授人或以授官。

肃宗时，有门徒家僧数百，留居禁中。《新唐书》卷一三九《张镐传》云：

玄宗西狩，镐徒步扈从，俄遣诣肃宗所……时引内浮屠数百居禁中，号“内道场”，讽呗外闻，镐谏……

代宗亦令僧徒百余人入居宫中，谓之内道场。《旧唐书》卷一一八《王缙传》云：

代宗由是奉之过当，尝令僧百余人于宫中陈设佛像，经行念诵，谓之“内道场”。其饮食之厚，穷极珍异。

至懿宗，亦引僧人入禁中，《新唐书》卷一〇一《萧仿传》云：

懿宗怠政事，喜佛道，引桑门入禁中，为祷祠事，数幸佛庐，广施予。

坐食阶级，因出入禁中，日与皇帝接近，不独人民不敢睨视，即官吏亦不得侮辱。同书卷一四五《元载传》云：“（代宗）诏天下官司，不得棰辱僧尼。”僧尼在社会上，既受特别优待，自然不守清规，非法犯禁。同书卷一一二《薛登传》云：“僧慧范怙太平公主势，夺民邸肆，官不能直。”同书卷一三〇《崔隐甫传》亦云："浮屠慧范倚太平公主，胁人子女，隐甫劾状，反为所挤。"

代宗时，京畿丰田美利，多归于寺观，僧有败行，吏不能禁。《旧唐书》卷一一八《王缙传》云：

> 凡京畿之丰田美利，多归于寺观，吏不能制。僧之徒侣，虽有赃奸畜乱，败戮相继，而代宗信心不易……

则僧徒不守清规，贻害社会，一般可见，至于尼姑女冠，衣服丽都，俨如妖妇，亦不乏人。《唐语林》卷一云：

> 宣宗微行至宣德观，有女道士盛服浓妆者，赫怒归宫，召左街功德使宋叔康，令尽逐去，别选男子二人，住持其观。

坐食阶级，权势既如此，行为又如彼，则聚众作乱，势所难免。《新唐书》卷八六《高开道传》云：

> 先是，怀戎浮屠高昙晟，因县令具供，与其徒袭杀令，伪号大乘皇帝，以尼静宣为耶输皇后，建元法轮，遣使约

开道为兄弟，封齐王，开道引众从之。居三月，杀昙晟，并其众，复称燕王。

观高昙晟，伪称大乘皇帝，静宣伪称耶输皇后，以及历代僧徒，聚众作乱，谁谓沙门真正看破红尘，毫无野心？

然而唐代佛道二教，究竟何者势力较大，地位较高，尤不能不提及。太宗贞观时，道士女冠，在僧尼之上。惟武后天授时，释道又列道法之上，固无一定制度。因此二教教徒，时生斗争，武后乃下诏制止之。《唐大诏令》卷一一三“条流佛道二教制”云：

佛道二教，同归于善，无为究竟，皆是一宗。比有浅识之徒，竞于物我，或因怼怨，各出丑言，僧既排斥老君，道士乃诽谤佛法，更相訾毁，务在加诸，人而无良，一至于此。且出家之人，须崇业行，非圣犯义，岂是法门，自今僧及道士，敢毁谤佛道者先决杖，即令还俗。

迨及玄宗，定道教为国教，尊老子为玄元皇帝，尊卑之分始分，高下之争乃息。

## 四　坐食阶级影响军财大计

唐武宗谓“一夫不耕，有受其馁者；一妇不织，有受其冻者。今天下僧尼，不可胜数，皆待农而食，待蚕而衣”。坐食阶级之贻害社会，已可概见。唐代僧道之数，多至十二万七千七百六十四人，则其为害又岂浅鲜。《新唐书》卷四八《百官志》（上）云：

> 天下观一千六百八十七，道士七百七十六，女官九百八十八；寺五千三百五十八，僧七万五千五百二十四，尼五万五百七十六。两京度僧、尼、道士、女官，御史一人莅之，每三岁州县为籍，一以留县，一以留州；僧、尼，以上祠部；道士、女官，一以上宗正，一以上司封。

按《唐会要》卷八四记载，唐代户口数目，大概如下：

| | |
|---|---|
| 玄宗开元十四年 | 七〇六九五六五 |
| 玄宗天宝十三年 | 九六一九二五四 |
| 肃宗乾元三年 | 一九三三一七四 |
| 代宗广德二年 | 二九三三一二五 |
| 德宗建中元年 | 三〇八五〇七六 |

| | |
|---|---|
| 宪宗元和二年 | 二四四〇二五四 |
| 穆宗长庆中 | 三九四四九五五 |
| 文宗太和中 | 四〇九〇五〇四 |

则坐食阶级，占全国人口，多至十分之一，少为九分之一，据彭偃统计，一僧之费，岁约三万。《唐会要》卷四七云：

> （代宗）大历时，彭偃谓一僧衣食，岁计约三万有余，五丁所出，不能致此。举一僧以计天下，其费可知。

则十二万七千七百六十四人，每年需费，约三十八万万有余，其影响国计民生，为何如也。尤有甚者，一入空门，所有赋役，俱行废免，以致国家兵力财政，皆无从出。《元氏长庆集》卷二八云：

> 加以依浮屠者，无去华绝俗之贞，而有抗役逃刑之宠。戎服者无超乘挽强之勇，而有横击诟吏之骄，是以十天下之人，九为游食，蠢朴愚谨，不能自迁者，而后依于农。

《唐会要》卷四七亦云：

> 臣（李叔明）伏请僧道未满五十者，每年输绢四疋，尼及女道未满五十者，输二疋。其杂色役，与百姓同。有才智者，令入仕，请还俗为平人者听。但令就役输课，为僧何伤，臣窃料其所出，不下今之赋税三分之一。然则陛下之国富矣，苍生之害除矣。

僧道不出赋税，竟占天下税项三分之一，而纳税者，尽系穷人，国焉得不贫且弱也。《旧唐书》卷一一八《杨炎传》云：

> 凡富人多丁者，率为官为僧，以色役免。贫人无所入，则丁存，故课免于上，而税增于下。是以天下残瘁，荡为浮人，乡居地著者，百不四五，如是者殆三十年。

“乡居地著者，百不四五”，则不独出赋之人少，即征兵亦无兵可征。《新唐书》卷一二八《李峤传》云：

> 道人私度者，几数十万，其中高户丁多，黠商大贾，诡诈台符，羼名伪度，且国计军防，并仰丁口。今丁口皆出家，兵悉入道，征行租赋，何以备之？

所谓“丁口皆出家，兵悉入道”，则入道者之多，不言可知。故时人以为集诸寺僧为兵，可成六军。《广弘明集》卷七云：

> 庸人信之，争营寺塔，小寺百僧，大寺二百，以兵率之，五寺强成一旅。统计诸寺，兵多六军，侵食生民，国家大患。

夫以六军之人，上不能保国，下不能顾家，安坐而食，岂非国之蠹。况其爰居爰处，不婚不嫁，尤为整个民族存亡接续所关。《广弘明集》卷七云：“今卫壮之僧，婉娈之尼，失礼不婚，夭胎杀子，减损户口不伤乎。”《昌黎文集》卷五《谁氏子》诗亦云：

> 非痴非狂谁氏子，去入王屋称道士；白头老母遮门啼，挽断衫袖留不止；翠眉新妇年二十，载送还家哭穿市。

似此失礼不婚，或婚后离妻，民族前途，其何以堪！昔刘勰《灭惑论》谓佛教有三破，“入国则破国，入家则破家，入身则破身”，可谓知言。

唐代坐食阶级，凡十余万，倘互相匹配，可得十余万户，不独增加国家赋税，且长进国家丁口，福国利民，宁有际涯。故《旧唐书》卷七九《傅弈传》云：

况天下僧尼，数盈十万……今之僧尼，请令匹配，即成十万余户。产育男女，十年长养，一纪教训，自然益国，可以足兵，四海免蚕食之殃。

解放坐食阶级，实可以益国足兵，惜当时君主，未及实行，迨武宗时，始有毁佛之举。《旧唐书》卷一八上《武宗本纪》云：

天下所拆寺四千六百余所，还俗僧尼二十六万五百人，收充两税户，拆招提、兰若四万余所，收膏腴上田四千顷，收婢为两税户十五万人，隶僧尼属主客，显明外国之教，勒大秦穆护、祆三千余人还俗，不杂中华之风。

世谓佛教三武之祸，武宗为其一。然以经济民族方面言之，武宗此举，既可增加赋税，又可生长人丁，获利匪浅，何祸之有？

## 五　建寺铸像之耗费

寺观之建筑，北魏极盛。观杨衒之《洛阳伽蓝记》，一般可见北周废佛，壮丽之伽蓝，一时殆皆毁尽。隋文帝灭周与陈，统一天下，从事建筑，寺观如雨后春笋，日益兴盛。降至唐代，高祖武德九年，加以限制，仅许京师存留佛寺三所，道观两所，各州寺观各一所，余悉毁坏，寺观因之不振。高祖以后诸帝，加以修理或建筑，又渐兴盛，同时雕梁画栋，美轮美奂，亦数见不鲜。则天时代，狄仁杰上疏云：

> 今之伽蓝，制过宫阙，穷奢极壮，画缋尽工，宝珠殚于缀饰，环材竭于轮奂。（《旧唐书》卷八九《狄仁杰传》）

中宗时代，韦嗣立上疏亦云：

> 臣窃见比者，营造寺观，其数极多，皆务取宏博，竞崇环丽，大则费耗百十万，小则尚用三五万余，略计都用资财，动至千万以上。（同书卷八八《韦思谦传》）

辛替否上疏，言之尤切。略云：

今天下佛寺盖无数，一寺堂殿，倍陛下一宫，壮丽甚矣，用度过矣，是十分天下之财，而佛有其七八，陛下何有之矣，百姓何食之矣，臣窃痛之。（《唐会要》卷四七）

建筑寺观，耗费天下资财十分之七八，国家经济势必濒于破产，无怪狄、韦、辛诸人，期期以为不可。而李文公亦有《与杨尚书请停修寺观钱状》及《再请停修寺观钱状》二文（《李文公文集》），皆反复申述修筑寺观之失当。况一兴工，不独伤财，而且劳民。《唐会要》卷四八云：

永徽六年……昭陵建造佛寺，唯欲早成其功……催迫发遣，幽州已北，岐州以西，或一百里，或二百里，皆来赴作。

即此一端，唐代寺观劳民兴作者，想不在少数。因此唐代寺观之数，尤有叙及之必要。宋敏求《长安志》卷一〇云：

城中一百八坊，《韦述记》曰：其中有折冲府四，僧寺六十四，尼寺二十七，道士观十，波斯寺二，胡天祠四。隋大业初，有寺一百二十，谓之道场；有道观十，谓之元坛。

天宝以后，不在其数。

天宝以前，长安寺观，已比隋代减少，然尚有僧尼寺九十一，道观十，若以天下计之，数必不少。开元年间，寺观总数，《唐六典》卷四云：

凡天下观，总一千六百八十七所（一千一百三十七所道士，五百五十所女道士）……凡天下寺，总五千三百五十八所（三千三百四十所僧，二千一百一十三所尼）。

至武宗时，佛寺四千六百余，比玄宗时减少数百，然若加招提或兰若等，必比玄宗增多。“招提”“兰若”，系梵语译音。招提为四方僧房之意，即一种私设寺院。宋道诚《释氏要览》所谓“即今十方住持寺院是也”。“兰若”系远离处，或闲静处之意，为于山林幽静地建立之庵室。因此多有不逞之徒往来其间，于社会治安不无隐忧。《唐大诏令》卷一一三载“开元十九年七月诏”云：

如闻远就山林，别为兰若，兼亦聚众，公然往来，或妄说生缘，辄有俗家居止。

盖兰若于政府直接监督离开较远，兴邪作乱，势所难免。此不独影响国家经济，且于社会政治，发生莫大关系也。

建筑寺观，固足以耗费国家财政，同时因之制造之用器及佛像天尊像，直接或间接之耗费，数亦不少。《旧唐书》卷一一八《王缙传》云：

五台山有金阁寺，铸铜为瓦，涂金于上，照耀山谷，计钱巨亿万……代宗七月望日，于内道场造盂兰盆，饰以金翠，所费百万。

《广弘明集》卷二八上《唐西明寺钟铭》亦云：

大唐麟德二年……皇太子奉为二圣，于西明寺造铜钟一口，可一万斤，发汉水之奇珍，采蜀山之秘宝，虞倕练火，晋旷飞垆。

仅以用器而论，饰一盂兰盆，已费金翠百万，铸一铜钟，已用铜万斤，至若塑像，所费尤大。据《佛祖统记》卷三九四

○高宗咸享三年，诏洛阳龙门，造庐舍那佛像，高八十五尺。永隆元年，又令沙门智运于龙门雕刻一万五千佛像，玄宗开元十八年，亦令沙门智运于嘉州大江之滨，制高三百六十尺之弥勒像，造九层阁，称为凌云寺。其他金银铜铁之佛像亦颇发达，此为寺观繁多当然发生之现象。因铸像之盛，玄宗时长安洛阳人民多以此为业。

因为铸像，促使工艺美术等进步，固不可讳之事实，然毁钱以铸像，所在多有，则影响所及，必致货币减少，经济发生恐慌，是又间接贻害社会者也。

至于人民为求佛迎佛，所费亦大，因致饥寒。《唐大诏令》卷一一三“断书经及铸佛像敕”云：

> 如闻坊巷之内，开铺书经，公然铸佛，口食酒肉，手漫膻腥，尊敬之道既亏，慢神之心遂起，百姓等或缘求福，因致饥寒，言念愚蒙，深用嗟悼。

甚至有失业者，《唐语林》卷三云：

> 懿宗迎佛骨，自凤翔至阙内，礼仪盛于郊祀……缘路迎拜，数十里不绝……宰相以下，施财不可胜计，百姓竞

为浮图，以至失业。

《唐会要》卷四七亦云：

元和十三年，功德使奏，凤翔府门寺有护国真身塔，塔内有释迦牟尼佛，指骨一节……诏许之，命中使领禁兵与僧徒迎护至京……留禁中三日，乃送京城佛寺，王公士庶，瞻礼施舍，如恐不及，百姓有废业竭产，烧顶灼臂，而去供养者。

夫求佛，本以图福致富，今福未至而饥已来，财未得而业先废，嗟彼庸俗，何愚之甚耶。

# 第二章　风俗

## 第一节　跳舞

### 一　舞乐之盛

我国之跳舞，发生颇早，“云门”“大武”等舞，舞法如何，无从考证，惟古籍所载，关于跳舞者颇多。

夔曰：于，予击石拊石，百兽率舞。（《书·舜典》）

舞干羽于两阶，七旬，有苗格。（《书·大禹谟》）

后启十年，舞九韶。（《古今图书集成》卷四六一一《舞部纪事》）

汤之救旱也……当此时也，弦歌鼓舞者禁之。（《尸子》卷上《君治篇》）

少康复禹之绩，于是方夷来宾，献其乐舞。（《竹书

纪年》卷七）

则尧舜时代，已经有舞，至商极盛。商人“恒舞于宫，酣歌于室”，以致有万舞者。《诗·商颂·那》之章云：

庸鼓有斁，万舞有奕，我有嘉客，亦不夷怿。（郑注：庸，镛通。斁斁然，盛也。奕奕然，有次序也。夷，悦也，亦不夷怿乎，言皆悦惮也。）

周朝跳舞，尤为时尚。武王伐纣，师旅在途，前歌后舞。《古今图书集成》卷四六一《舞部纪事》云：“武王元年已卯，誓于孟津，前歌后舞。”《诗经·陈风·宛丘》章亦云：

坎其击鼓，宛丘之下，无冬无夏，值其鹭羽。（郑注：坎，击鼓声。值，植也。鹭鹭好而洁白，头上有长毛十数枚。羽，以其羽为翳，舞者持以指麾也。言无时不出游，而鼓舞于是也。）

“无冬无夏”，持鹭羽以舞，则人民对此之兴趣，可想而知。当时学校，定跳舞为一种课程，自天子至于庶人，皆须学习，《礼记·内则篇》云：“十三学舞勺，成童舞象。”《古今图书集成》卷四六〇九《乐律典舞汇考》（二）云：

> 大司成，王大射，诏诸侯以弓矢舞，此臣舞于君也，食三老五更于大学，天子冕而总干，此君舞于其臣也。

春秋时代，晏子且借舞以讽谏。《晏子春秋》卷七《外篇》云：

> 景公筑长庲之台，晏子侍坐，觞三行，晏子起舞曰：“岁已暮矣，而禾不获。忽忽兮若之何！岁已寒矣而役不罢，惙惙矣如之何！”舞三而涕下沾襟，景公惭焉，为之罢长庲之役。

秦始皇虽改“大武”为“五行之舞”，然舞之门类未详。迨及汉代，因（一）由于秦焚诗书而乐亡，乐亡舞亦不振，（二）由于汉初诸帝，未遑礼乐，太乐官制氏知铿枪鼓舞，然不能言其意。武帝后，乐府亦竞尚新声，未及古舞，故汉代之舞，大约有三：（一）沐猴与狗斗舞（《汉书·盖宽饶传》）；（二）巴渝舞（同书《司马相如传》）；

（三）象人舞（同书《礼乐志》），此外无所见。自三国以至南北朝，有小垂手等舞。小垂手舞，《古今图书集成·乐律典》卷四六一一梁简文帝《小垂手》云：

舞女出西秦，蹑影舞阳春，且复小垂手，广袖拂红尘，折腰应两袖，顿足转双巾，蛾眉与曼脸，见此空愁人。

所谓“广袖”“折腰”“顿足”“蛾眉”“曼脸”，则舞之装束与情态，几如现在眼前。隋初统一天下，尚用周乐，牛弘、辛秀之、何妥等议乐谱，时经一年，毫无成就；乐既无成，舞亦不振。《文献通考》卷一四五引文帝之言云：“音声节奏及舞宜依旧，惟舞人不捉拂尔”，足证隋舞多仍旧贯。降及唐代，舞自比前代流行。

## 二 跳舞之门类

唐代宫中，每逢宴会，千歌万舞，美不胜数，《白氏长庆集》卷五一《霓裳羽衣歌和微之》云：

我昔元和侍宪皇，曾陪内宴宴昭阳；千歌百舞不可数，就中最爱霓裳舞。

所谓“千歌百舞不可数”，则门类之多，可想而知。依愚所见，有唐一代，约有七十余种舞。《唐六典》及《文献通考》卷一四五约五十一种：

光大之舞(黄钟宫调) 长发之舞(同上) 大政之舞(太簇宫调) 大成之舞(姑洗宫调) 大明之舞(蕤宾宫调) 崇德之舞(夷则宫调) 钧天之舞(黄钟宫调) 大(文)和之舞(太簇宫调) 景云之舞(黄钟宫调) 承先之舞 大运之舞 惟新之舞 保大之舞 文明之舞 大顺之舞 象德之舞 和宁之舞 大钧之舞 文成之舞 大定之舞 咸宁之舞(以上二十一舞祭太庙时用之)

七德舞 九功舞 上元舞(以上三舞为唐自造)

大定舞 圣寿舞 光圣舞 宴乐舞 长寿舞 天授舞 万岁舞 龙池舞 小破阵乐舞 师子舞 中和舞 六合还淳舞 顺圣舞 承天舞 圣主回銮舞 一戎大定舞 神宫大乐舞 霓裳舞 景云舞 坐部舞 倾杯舞 软舞 健舞 叹舞 文舞 武舞 凯安之舞

《唐人说荟·乐府杂录》得六种：八佾舞、骨尘舞、胡旋舞、字舞、花舞、马舞。新、旧《唐书》得八种：叹百年舞、菩萨蛮舞、八风舞、谈容娘舞、浑脱舞、合生舞、回波舞、高丽舞。此外于《唐语林》则得“黄狮子”“柘枝”二舞。

以上各舞，不独舞法不同，即舞人亦异，王维以作《黄狮子舞》，坐罪出官。《唐语林》卷五云：

> 王维为太乐丞，被人嗾令舞《黄狮子》，坐是出官。《黄狮子》者，非天子不舞也，后辈慎之。

专制时代，一舞之微，亦有阶级之分。所以宫廷之舞，谓非平民所能，须以官吏子弟教练之。此种舞人，隋称为“二舞郎”，唐称为“云门生”。《文献通考》卷一四五云：

> 按《周礼》以乐舞教国子，舞《云门》《大咸》《大汉》《大武》，是知古之舞者，即诸侯子孙，容服鲜丽，故得神祇降福，灵光烛坛。今之舞人，并容貌蕞陋，屠沽之流，用以接神，欲求降福，固亦难矣。隋犹以品子为之，号为“二舞郎”，逮乎圣朝（唐），遂变斯制，诚愿革兹近误，考复古道。其二舞人，取品子年二十以下，颜容修正者为之，令太常博士主之，准国子学给科。行事之外，习六乐之道，学五礼之仪。经十周年，量文武授散官，号曰“云门生”。

## 三　跳舞之服装与情态

《全唐文》卷一五六谢偃《观舞赋》，述唐代宫廷跳舞，姿态妖妍，步章合，音节乐伉美，弦无差袖，声必应足，令人看之，情景如画，爰录之如下：

> 金石奏，丝桐理，奇调间发，新声互起。促宴冶而忘疲，欢情畅而未已。于是燕余齐列，绛树分行，曳绡裾兮拖瑶佩，簪羽钗兮珥明当，擢纤腰之孤立，若卷旌之未扬，纡脩袂而将举，似惊鸿之欲翔。退不失伦，进不逾曲，流而不滞，急而不促，弦无差袖，声必应足，香散飞巾，光流转玉。若乃巴姬并进，郑媛俱前，对席齐举，分庭共旋，乍差池以燕接，又飒沓而凫连，止有余态，动无遗妍，似两艳之同发，类双花之偶然。进止合度，俯仰若一，节缓则顾迟，唱速则回疾，殊姿异制，不可殚悉。

谢偃太宗时为宏文馆直学士，尝侍内宴，记闻述见，自然真切，所谓“唱速则回疾”，据《国学·礼乐录》云：

> “舞生”按谱作势，凡舞“合”字、“四”字欲迟，“工”

字、“六”字欲疾，“上”字、“尺”字欲适中，听铎鼓既响，两阶羽钥齐作，进退俯仰，象文德之容，合歌声之妙，而舞之能事毕矣。

舞生系“按谱作势”，歌人则按谱奏声，无论“舞生”“乐人”，须同时注意，“乐工”演奏之音节，其式样如下：

（自上而下，渐低、渐浊、渐巨）

五、六、凡、工、尺、上、一、四、合。

（自下而上、渐高、渐清、渐细）

顾此乃唐代舞乐普通情态，并不专指某种舞而言。兹据《文献通考》卷一四五略述《七德》《九功》《上元》等舞，舞者之装束容仪如下。

《七德舞》：《七德舞》者，本名《秦王破阵乐》。太宗为秦王，破刘武周，军中相与作《秦王破阵乐》曲。及即位，宴会必奏之……乃制舞图，左圆右方，先偏后伍，交错屈伸，以象鱼丽、鹅鹳。命吕才以图教乐工百二十八人，被银甲执戟而舞。凡三变，每变为四阵，象击刺往来……自是元日、冬至，朝会庆贺，与《九功舞》同奏，舞人更以进贤冠、虎文袴、螣蛇带、乌皮靴，二人执旌居前。

《九功舞》：《九功舞》，本名《功成庆善乐》……以童儿六十四人冠进德冠、紫袴褶、长褒、漆髻、屣履而舞。

《上元舞》：《上元舞》者，高宗所作也，舞者百八十人，衣画云五色衣。

《大定舞》：本出《破阵乐》，舞者百四十人，被五彩文甲，持槊，歌云“八埏同轨乐”，以象平辽东而边隅大定也。

《圣寿舞》：唐高宗、武后作，舞用百四十人，金铜冠，五色画衣，舞之行列必成字，凡十六变而毕，有“圣超千古，道泰百王，皇帝万年，宝祚弥昌”之字。

《光圣舞》：唐明皇作，舞者八十人，乌冠，五彩画衣，兼以《上元》《圣寿》之容，以歌王业所兴也。

《宴乐舞》：唐张文收所造也，舞工二十人，绯绫为袍，丝布为袴，又分四部，《景云舞》八人，《庆善舞》四人，《承天舞》四人。

《长寿舞》：武后长寿年所制，舞者十有二人，衣冠皆画。

《万岁舞》：《鸟歌万岁乐舞》，唐武太后所造也。当是时，宫中养鸟，能人言，又常称万岁，故为乐以象之。舞者三人，绯大袖，并画鸲鹆冠作鸟像。

《龙池舞》：舞者十有二人为列，服五色纱云衣，芙蓉冠，无忧履，四工执莲花以引舞，一奏而五叠。

《师子舞》：唐《太平乐》，亦谓之《五方师子舞》，师子挚兽。出于西南夷，天竺、师子等国，缀毛为之，各高丈余，人居其中，像其俛仰驯狎之容，二人持绳秉拂，为习弄之状，五师子各放其方色，百四十人歌《太平乐》，舞以足，持绳者服饰作昆仑状。

《景云舞》：舞者八人，花锦为袍，五绫为袴，绿云冠，黑皮靴。

《倾杯舞》：唐明皇常令教舞马百驷，分为左右部，时塞外亦以善马来贡，上俾之教习，无不曲尽其妙，因命衣以文绣，络金铃饰其鬣间，杂以珠玉。其曲谓之《倾杯乐》，凡数十叠，奋首鼓尾，纵横应节，又施三层板床，乘马而上，忭转如飞，或命壮士举榻，马舞其上，乐工数十环立，皆衣以淡黄衫、文玉带，必求妙龄姿美者充之。（《乐府杂录舞工条》及《明皇杂录》记载亦同）

《软舞》：唐开成末，有乐人崇胡子能《软舞》，其腰肢不异女郎也，然舞容有大垂手，有小垂手，或像惊鸿，或如飞燕。婆娑，舞态也；蔓延，舞缀也。然则《软舞》，盖出体之自然，非此类欤。

除《通考》外，其他史籍，载跳舞之服装情态，亦复不少，爰录之如下。

《文舞》：《唐六典》卷十四“太乐令”条云：“文舞之制，左执籥，右执翟，二人执纛以引之。”（《文舞》六十四人，供郊庙，服委貌冠，玄丝布大袖，白练领标，白纱中单，绛领标，绛布大口袴，革带，乌皮履，白布袜。其执纛人衣冠各同也。）

《武舞》：同书同卷同条云，“武舞之制，左执干，右执戚，二人执旌居前，二人执鼗鼓，二人执铎，四人持金钲，二人奏之，二人执铙以次之，二人执相在左，二人执雅在右”。（《武舞》六十四人，供郊庙，服平冕，余同《文舞》。若供殿庭，服武弁，平巾帻，金支绯丝布大袖，绯丝布裲裆，甲金饰，白练褴裆，腾蛇起梁带，豹文大口布袴，乌布靴。其执旌人衣冠各同当色舞人，余同工人也。）

《字舞》《花舞》：《乐府杂录》“舞工”条注云：“《字舞》以舞人亚身于地，布成字也。《花舞》着绿衣偃身，合成花字也。”按《花舞》，即《字舞》。再所谓《太平万岁舞》亦系《字舞》。宋周密《齐东野语》卷十“字舞”条亦云：“州郡遇圣节锡宴，率命猥妓数十群舞于庭，作‘天下太平’字，殊为不经。”而唐《乐府杂录》云：“舞有字以舞人亚身于地，布成字也。”王建《宫词》云：“罗衫叶叶绣重重，金凤银鹅各一丛，每翩舞时分两向，太平万岁字当中。”则此事由来亦久矣（按《圣寿舞》，亦《字舞》也）。

《坐部舞》：《乐府杂录》“云韶乐”条云，“用玉磬四架，乐即有琴、瑟、筑、箫、篪、籥、跋膝、笙、竽、登歌、拍板。乐分堂上、堂下。登歌四人，在堂下坐，舞童五人衣绣衣，各执金莲花，引舞者如仙家行道者也；舞在阶下，设锦筵，宫中有云韶院”。

《八佾舞》：同书“雅乐部”条云，“《八佾》舞，则六十四人，文武各半，皆着画帻，俱在乐悬之北，文舞居东，手执翟，状如凤毛，武舞居西，手执戚，文衣长大，武衣短小，其钟师及磬师登歌”。

《高丽舞》：《资治通鉴·中宗纪》云，“司礼少卿张同休，易之之兄也，尝召公卿宴集，酒酣戏再思曰‘杨内史面似高丽’，再思欣然即剪纸帖巾，反披紫袍，为高丽舞，举座大笑”。

《八风舞》：同书同纪云，“国子祭酒祝钦明自请作《八风舞》，摇头转目，备极丑态，上大笑”。

《叹百年舞》：《旧唐书》卷一七七《曹确传》云，“（伶官）李可及善音律，尤能转喉为新声，音辞曲折，听者忘倦，京师屠沽效之，呼为‘拍弹’。同昌公主除丧后，帝（文宗）与淑妃思念不已，可及乃为《叹百年舞》曲，舞人珠翠盛饰者数百人，画鱼龙地衣，用官骈五千匹，曲终乐阕，珠玑覆地，词语凄恻，闻者涕流”。

《霓裳舞》：《白氏长庆集》卷五一《霓裳羽衣歌》云，“舞时寒食春风天，玉钩栏下香案前。案前舞者颜如玉，不著人家俗衣服。虹裳霞帔步摇冠，钿璎累累珮珊珊。娉婷似不任罗绮，顾听乐悬行复止。磬箫筝笛递相搀，击恹弹吹声逦迤。散序六奏未动衣，阳台宿云慵不飞。中序擘騞初入拍，秋竹竿裂春冰坼。飘然转旋回雪轻，嫣然纵送游龙惊。小垂手后柳无力，斜曳裾时云欲生。螓蛾敛略不胜态，风袖低昂如有情。上元点鬟招萼绿，王母挥袂别飞琼。繁音急节十二遍，跳珠撼玉何铿铮。翔鸾舞了却收翅，唳鹤曲终长引声”。

《柘枝舞》：《全唐诗》第八函第五册张祜《周员外席上观柘枝》诗云“金丝蹙雾红衫薄，银蔓垂花紫带长”。《观杨瑗柘枝》诗云“促叠蛮鼍引柘枝，卷帘虚帽带交垂。紫罗衫宛蹲身处，红锦靴柔踏节时”。《白氏长庆集》卷五三《柘枝妓》诗亦云“红蜡烛移桃叶起，紫罗衫动柘枝来。带垂钿胯花腰重，帽转金铃雪面回”。可见《柘枝舞》，舞人率穿红紫、五色罗衫、窄袖、锦靴、腰带、银蔓垂花、头冠绣花卷帘虚帽也。

《胡旋舞》：系《健舞》之一，《乐府杂录》云“《健舞》曲有《棱大》《阿连》《柘枝》《剑器》《胡旋》《胡腾》”。《白氏长庆集》卷三《胡旋女》诗云“胡旋女，胡旋女，心应弦，手应鼓。弦鼓一声双袖举，回雪飘飘转蓬舞。左旋右转不知疲，千匝万周无已时。人间物类无可比，奔车轮缓旋风迟。曲终再拜谢天子，天子为之微启齿。胡旋女，出康居，徒劳东来万里余”，此为舞之情态。《通典·康国乐》条云“舞二人，绯袄、锦袖，绿绫浑裆袴，赤皮靴，白袴奴（帑）”，此为舞之服装。按骨尘舞，亦与此舞同。《乐府杂录》“俳优”条云：“舞有《骨尘舞》《胡旋舞》，俱于一小圆毬子上舞，纵横腾踏，两足终不离于毬子上，其妙如此。”

此外于《竿头舞》，尤称绝艺，玄宗时，教坊王大娘甚长此舞。《明皇杂录》云：

> 玄宗御勤政楼，大张乐，罗列百技，时教坊有王大娘者，喜戴百尺竿，竿上施木山，状瀛洲方丈，令小儿持绛节，出入于其间，歌舞不辍。时刘晏以神童为秘书正字……令咏王大娘戴竿，晏应声曰：楼前百戏竞争新，惟有长竿妙入神，谁得绮罗翻有力，犹自嫌轻更著人。

所谓“妙入神”，则其舞态之精，殊非言语所能形容。敬宗时，妓女石火胡亦善此舞，技艺精妙，非教坊中人所能及。《杜阳杂编》卷二云：

上降日大法音乐，集天下百戏于殿前。时有妓女石火胡，挈养女五人，才八九岁，于百尺竿上张弓弦五条，令五女各居一条之上，衣五色衣，执戟持戈，舞《破阵乐》曲，俯仰来去，越节如飞。是时观者目眩心怯。火胡立于十重朱画床子上，令诸女迭踏以至半空，手中皆执五彩小帜，床子大者始一尺余。俄而手足齐举，为之踏浑脱，歌呼抑扬，若履平地，上赐物甚厚，文宗即位，恶其太险伤神，遂不复作。

此舞不独京师有之，西蜀亦颇流行。李绰《尚书故实》卷二云：

章仇兼琼镇蜀日，观寺设大会，百戏在庭，有十岁童儿一作女童舞于竿杪，忽有物状如雕鹗，掠之而去，群众大骇，因而罢乐。

则唐代跳舞，花样翻新，以及普遍流行，一般可鉴。

前引白居易《霓裳羽衣歌》所谓“千歌百舞”，则舞之中，夹以歌唱，自无疑义。惟此时歌者不舞，舞者不歌，歌舞同为一人，尚未之见。清毛奇龄《西河诗话》云：

> 古者歌舞不相合，歌者不舞，舞者不歌，即舞曲中词，亦不必与舞者搬演相应。自唐人作《柘枝词》《莲花镟歌》，则舞者所执，与歌者所措词，稍稍相应，然无事实也……至元人造曲，则歌者舞者合作一人，使句栏舞者自司歌唱，而第设笙、笛、琵琶以和其曲……

足证唐代歌舞，未同为一人，同为一人，实自元代始。

## 第二节　女子化妆

脂粉黛泽之化妆，我国古代，早已实行。迨及唐朝，人文灿然，宫嫔众多，使六宫粉黛，竞美争妍。所以化妆一项，更趋浓艳。日本平安朝女子之化妆，起源亦由于唐，今分为髻鬟、额黄、眉黛、朱粉、口脂、花钿、妆靥七项述之。但因材料至为缺少，有窥见其一斑而已。

### 一　髻鬟

据唐王睿《炙毂子》（此书已佚，今据《渊鉴类函》所引）、后唐马缟《中华古今注》、宇文氏（年代不详）《妆台记》所记载，唐代髻鬟之种类颇多，列举如下：

半翻髻　反绾髻　乐游髻　（以上高祖宫中之髻）

双镮望仙髻　回鹘髻　愁来髻　飞髻　百合髻　（以上玄宗宫中之髻）

归顺髻　平番髻　闹扫妆髻　盘桓髻　惊鹄髻　抛家髻　倭堕髻（一云𩭲鬌髻）　囚髻（《新唐书·五行志》）乌蛮髻（小说《红线娘传》）

上列中之抛家髻，见于《新唐书·五行志》，谓唐末京都妇人梳发，以两鬓抱面，状如椎髻，当时谓之抛家髻。因此其形状如何，可想象而知。倭堕髻，见于《古今注》，谓倭堕系为堕马之余形。《后汉书·梁冀传》注谓：堕马髻，侧在一边。梁徐陵《玉台新咏序》有“妆鸣蝉之薄鬓，照堕马之垂鬟”之句，可以想见其一种垂鬟之状。乌蛮，即为猓猓，则乌蛮髻，乃系猓猓椎髻之形象。此外如百合髻、惊鹄髻等，即可因其名而推想其形状也。要之，形状真正如何，本难探知。然读唐人诗集，则知有高髻、垂鬟两种。先举高髻之例如下：

共折路边花，各持插高髻，髻高花匼匝。（寒山《诗三百三首》）

侧垂高髻插金钿。（岑参《敦煌太守后庭歌》）

翠髻高丛绿鬓虚。（王建《宫词》）

高髻云鬟宫样妆。（刘禹锡《赠李司空妓》）

髻鬟峨峨高一尺。（元稹《李娃行》）

岑参诗是描写高髻垂鬓之状，王建诗是咏赞宫中之高髻。据日本太和药师寺吉祥天女之像，则唐代高髻之状，可以推想而知。

据以上举例，唐代宫中之髻，想必颇高。百合髻，惊鹄髻等，亦高髻也。但据王建《寻橦歌》之“重梳短髻下金钿”，及罗虬《比红儿诗》之“轻梳小髻号慵来”，则当时之有“短髻”“小髻”，自不待言。

又鬓之中，有所谓蝉鬓者。据《古今注》系魏文帝时宫人莫琼树所造，望之缥缈，如蝉翼然。盖因其两鬓极薄，极似蝉翼，故有此名。唐诗关于蝉鬓之歌咏颇多，特举二三例如下：

片片行云着蝉鬓。（卢照邻《长安古意》）

蝉鬓红冠粉黛轻。（刘言史《乐府杂词》）

至于垂鬟之例：

钗承堕马鬟。（张昌宗《太平公主山亭侍宴》）

花映垂鬟转。（储光羲《夜观妓》）

髻鬟垂欲解。（孟浩然《美人分香》）

二人蛾眉梳堕马。（李颀《缓行歌》）

风流夸堕鬟。（白乐天《代书诗一百韵寄微之》）

柔鬟背额垂，丛鬓随钗敛。（元稹《恨妆成》）

日本正仓院御物树下美人屏风绘之髻，及近长安发掘之弹阮咸美人像，恐亦为垂鬟之一种。

又日本《大宝令》有所谓“宝髻”者，《令义解注》谓以金玉饰髻绪，故云“宝髻”。盖以金玉之钿、钗、步摇等，而饰高髻，亦效唐人也。举唐诗如下：

为君安宝髻。（王勃《临高台》）

山花插宝髻。（李白《宫中行乐词》）

宝髻高梳金翡翠。（章孝标《贻美人》）

倦枕徐欹宝髻松。（韩偓《昼寝诗》）

## 二　额黄

女子于额之妆饰，有所谓额黄，一云鸦黄者，必在额头之上，施以黄粉。唐人诗集，记载颇多。特举二三例如下：

纤纤初月上鸦黄。（卢照邻《长安古意》）

微汗欲销黄。（杨巨源《美人春怨》）

额畔半留黄。（吴融《赋得欲晓看妆面》）

宫样轻轻淡淡黄。（王涯《宫词》）

扑蕊添黄子，呵花满翠鬟。（温庭筠《南歌子》）

头黄侵腻发。（韦庄《女冠子》）

## 三　眉黛

中国女子，早用眉黛。降及唐朝，当亦行之。据《海录碎事》（此书未见，据《佩文韵府·支韵》）记载，唐玄宗命画工画十眉图：一曰鸳鸯眉；二曰小山眉；三曰五岳眉；四曰三峰眉；五曰垂珠眉；六曰月棱眉，又名却月眉；七曰分梢眉；八曰涵烟眉；九曰拂云眉，又名横烟眉；十曰倒晕眉。

据《妆台记》，五代宫中之画眉，一曰开元御爱眉，二曰小山眉……所举名目，与《海录碎事》相同。又贞元宫中人，爱以青黛画蛾眉，亦载于《妆台记》。《中华古今注》谓杨贵妃能画黑眉。眉之画法，虽有种种不同，然读唐诗，知有浓而广与淡而细者两种。先举前者之例如下：

拂黛随时广。（沈佺期《李员外秦援宅观妓》）
轻鬓丛梳阔拂眉。（张籍《倡女词》）
凝翠晕蛾眉。（元稹《恨妆成》）

前所记树下美人之眉，当然属于此类。再举后者之例如下：

淡扫蛾眉朝至尊。（张祜《集灵台》之二）
眉黛拂能轻。（孟浩然《美人分香》）
青黛点眉眉细长。（白居易《新乐府·上阳白发人》）
连娟细扫眉。（温庭筠《南歌子》）
宫样衣裳浅画眉。（韩偓《忍笑》）

除上列所举以外，又有八字眉。八字眉早已流行于汉武帝宫中，兹将见于唐诗中，举两例如下：

宝镜休匀八字眉。（韦应物《送宫人入道》）

双眉画作八字低。（白居易《新乐府·时世妆》）

## 四　朱粉

唐朝女子多爱红妆，先擦白粉，再加朱色，举例如下：

傅粉贵重重，施朱怜冉冉。（元稹《恨妆成》）

薄粉轻朱取次施。（罗虬《比红儿诗》）

此外红妆之例犹多：

红粉春妆宝镜催。（孟浩然《春情》）

美人红妆色正鲜。（岑参《敦煌太守后庭歌》）

翠蛾红脸不胜情。（司空曙《观妓》）

红铅拂脸细腰人。（张祜《李家柘枝》）

脸红眉黛入时妆。（罗虬《比红儿诗》）

一抹浓红傍脸斜。（同上）

此种红妆，树下美人之颜面，即为一例。又举淡妆之例如下：

铅华不御得天真。（明皇《题梅妃画真》）

妃善属文，自比谢女，淡妆雅服，而姿态明秀，不可描写。（《梅妃传》）

却嫌脂粉污颜色，淡扫蛾眉朝至尊。（张祜《集灵台》之二）

最爱铅华薄薄妆。（郑史《赠妓行云诗》）

袅娜腰肢淡薄妆。（韩偓《袅娜》）

还似红儿淡薄妆。（罗虬《比红儿诗》）

据王仁裕《开元天宝遗事》，天宝年中，特异的化妆甚为流行，有所谓“泪妆”者。宫中嫔妃辈，施素粉于两颊，相号为“泪妆”。识者以为不祥，后有禄山之乱。

女子于胸前亦擦白粉，看下面的诗，即可了然。

长留白雪占胸前。（施肩吾《观美人》）

粉胸半掩疑暗雪。（方干《赠美人》）

粉着兰胸雪压梅。（韩偓《席上有赠》）

## 五　口脂（燕支）

燕支，擦于脸上。但唐僖宗、昭宗时，京都妇女竞相擦于嘴唇，以分别其妍否。试读《潜确类书》（据《渊鉴类函》）、《妆台记》，则唐代女子，擦燕支于唇上之事数见不鲜。惟因其擦之方法，各有不同，名称遂因之而异。兹列举其种类如下：

石榴娇　大红春　小红春　嫩吴香　半边娇　万金红

圣檀心　露珠儿　内家园（《妆台记》园作圆）　天宫巧

洛儿殷　淡红心　猩猩晕　小朱龙格　双唐媚　花奴样子

据《新唐书·五行志》，元和末年，妇女盛行奇异之化妆，不擦红粉，只以乌膏涂唇上，有似悲啼之状。白乐天《时世妆》所谓“乌膏注唇唇似泥”者，是也。

关于口脂之诗，向未多见。岑参诗有“朱唇一点桃花殷”（《醉戏窦子美人》诗）之句，或即指此。然树下美人之唇，乃明是擦上燕支。

## 六　花钿

据宋高承《事物纪原》，唐代妇女面部化妆，有所谓“花钿”者。盖宋武帝之女寿阳公主，开始为梅花妆。《事物纪原》“冠冕首饰”部，有一段关于花钿之记载：

《酉阳杂俎》曰：“今妇人面饰用花子，起自唐上官昭容所制，以掩黥迹也。”按隋文宫女贴五色花子，则前此已有其制矣，似不起于上官氏也。《杂五行书》曰：“宋武帝女寿阳公主，人日卧于含章殿檐下，梅花落额上，成五出花，拂之不去，经三日，洗之乃落，宫人奇其异，竞效之。”花子之作疑起于此。

树下美人眉间白绿色之状，恐即此也。温庭筠诗有云：“脸上金霞细，眉间翠钿深”（《南歌子》），亦可以参照。但《长恨歌》所谓“花钿委地无人收”，乃是金之花簪，与此不同。

## 七 妆靥

伴眉间花钿而起者，又有“妆靥”。妆靥，系以青丹点于两颊，是亦落梅妆之遗意。《事物纪原》“冠冕首饰”部，有一节关于妆靥之记载：

近世妇人妆，喜作粉靥，如月形，如钱样，又或以朱若燕脂点者，唐人亦尚之，段成式《酉阳杂俎》曰：

“如射月者，谓之黄星靥。靥钿之名，盖自吴孙和误伤邓夫人颊，医以白獭髓，合膏琥珀太多，痕不灭，有赤点，更益其妍，诸嬖欲要宠者，皆以丹青点颊，此其始也。”又云：“大历已前，士大夫妻多妒者，婢妾少不如意，则印面，故有月点钱，苟如此，则固非嘉事也。宋武宫中，敩寿阳落梅花妆，此其遗意也。”

树下美人之两颊口边，有白绿色之妆饰，盖即妆靥也。元稹诗云：“满头行小梳，当面施圆靥”（《恨妆成》诗），亦明指此事。

要之唐代女子化妆，颇似日本树下美人屏风画之妆饰，足证日本文化，受唐代赐予之厚。

（此节译自《史学杂志》第二十一编第四号《唐代女子化妆考》）

## 第三节　戏剧

春秋战国之俳优，如晋之优施，楚之优孟，即为戏剧之滥觞。顾以歌舞及戏谑为事，尚未演历史故事。自汉以后，始间演之，《盐铁论·散不足篇》云：富者祈名狱，望山川，椎牛击鼓，戏倡舞像。

降及南北朝，遂合歌舞以演一事，但以事实至简，仅具戏剧轮廓，谓之为戏，不如谓之为舞之为当也。唐代戏剧，最著者有《大面》《拨头》《踏摇娘》《苏中郎》《窟磊子》《参军》等名，《旧唐书》卷二九《音乐志》云：

> 歌舞戏，有《大面》《拨头》《踏摇（一作谣）娘》《窟磊子》等戏，玄宗以其非正声，置教坊于禁中以处之。

内容复杂，化装特别，一切动作，几与今日无异，论者谓戏剧起源，始于唐代，盖即为此。兹将各剧略述之如下：

（一）《大面》　大面，又名代面，起于北齐，北齐兰陵王长恭，文武全才，勇敢善战，顾貌美如妇人，不足以威慑敌人，乃刻木作假面，带之临阵，尝破周师，齐人壮之，因作此舞，效其指挥击刺之状，称为《兰陵王入阵曲》（《旧唐书》卷二九《音乐志》）。

唐之《大面》戏，即本于此。《乐府杂录·鼓架部》谓“戏者，衣紫、腰金、执鞭也”。

（二）《拨头》　拨头，出自西域。有胡人为猛虎噬死，其子上山，寻尸恸哭，求虎杀之，以报父仇。戏者，皆披发素衣，面呈啼容，作遭丧之状。见《旧唐书》卷二九《音乐志》。

王国维《宋元戏曲史》谓“拨头”在《北史·西域传》为拔豆国之译音，此戏盖起于拔豆国，经龟兹等国，传入中国。

（三）《踏摇娘》　北齐有苏鮑鼻者，实未仕，而自号郎中，貌恶嗜酒，醉辄殴其妻。妻颇有容姿，且善歌舞，乃含悲作苦怨之辞，诉诸邻里。此戏演者，作妇人装束，徐步入场，且行且歌。每一叠，旁人齐声和之，辄呼“踏谣和来，踏谣娘苦和来”，此时其夫出台，夫妇殴斗，以为笑矣（《教坊记》）。《旧唐书》卷二九《音乐志》云：

> 踏摇娘，生于隋末，隋末河内有人貌恶而嗜酒，常自号郎中，醉归必殴其妻，其妻美色善歌，为怨苦之辞。河朔演其曲而被之弦管，因写其妻之容。妻悲诉，每摇顿其身，故号踏摇娘。近代优人，颇改其制度，非旧旨也。

（四）《苏中郎》　后周有苏葩者，好酒落魄，自号中郎，每逢歌场，辄乘兴独舞；此戏演者，着绯衣，带帽，以赤涂面，作醉者状。见《乐府杂录·鼓架部》。

按“踏摇娘”，“苏中郎”，皆姓苏，一云“郎中”，一自号“中郎”，恐同为一人，其以赤涂面，为后世戏者涂彩画面之滥觞。

（五）《窟礧子》　此为木偶之戏，起源颇多异说，有以为丧家之乐，有以为陈平所创。傀儡，起于汉代，自西域传入，窟礧、魁礧、傀儡之字，系当时译音，至唐最为流行。《旧唐书》卷二九《音乐志》云：

> 《窟礧子》，亦云《魁礧子》，作偶人以戏，善歌舞，本丧家乐也，汉末始用之于嘉会，齐后主高纬尤所好，高丽国亦有之。

（六）《参军》戏　普通以为后汉馆陶令石耽之故事，耽曾犯赃罪，和帝惜其才，免之，每宴乐令着白夹衫（罪人之衣），使优伶戏弄以辱之。一年后，放免，用为参军。王国维《宋元戏曲史》以为汉代无参军之官，系后赵石勒参军周延之误。周延亦为馆陶令，以窃官绢数万匹下狱，宥免，每逢大会，使俳优戏弄之。开元中，不独黄幡绰、张野狐之辈巧弄参军，朝绅如李仙鹤亦善此戏，玄宗特授仙鹤为韶州同正参军，以食其禄。《乐府杂录》“俳优”条云：

> 开元中黄幡绰、张野狐弄参军，始自汉馆陶令石耽。耽有赃犯，和帝惜其才，免罪，每宴乐，即令衣白夹衫，

命优伶戏弄辱之，经年乃放，后为参军，误也。

参军之戏，因之流行，然已离石耽周延之故事，而为绿衣秉简之官人，与鹑衣髽髻之苍鹘相对之滑稽戏，赵璘《因话录》云：“肃宗宴于宫中，女优弄假戏，有绿衣秉简为参军者。”《五代史》卷一一《吴世家》亦云：

> 徐氏之专政也，杨隆演幼懦，不能自恃，而知训尤凌侮人，尝饮酒楼上命优人高贵卿侍酒，知训为参军，隆演鹑衣髽髻为苍鹘。

李义山之《骄儿诗》有“忽复学参军，按声唤苍鹘”，盖即指此。

此外尚有《樊哙排君难》戏，宋敏求《长安志》卷六云：

> 明宗宴李继昭等，将于保宁殿，亲制赞成功曲，以褒之，仍命伶官作《樊哙排君难》戏以乐之。

以上各戏，多承前代或出自西域。惟《樊哙排君难》戏，系唐代自制，布置虽甚简，而动作有节，近似《破阵》《乐庆》《善乐》诸舞。《乐府杂录》“俳优”条又云：

> 武宗朝有曹叔度、刘泉水咸淡最妙，咸通以来，即有范传康、上官唐卿、吕敬廷等三人。弄假妇人。大中以后，有孙干刘璃瓶，近有郭外春、孙有熊。僖宗幸蜀时，戏中有刘真者尤能，后乃随驾归京，籍于教坊。

要之，唐代之戏剧约分两种：一以表演某事为主；二以滑稽嘲笑为主。参军之滑稽戏，为后世丑脚之始，而踏摇娘之化装，则为旦色之源流。至于咸淡婆罗之名称，亦与戏剧有关。婆罗原为婆罗门之略称，宋初讹为鲍老，元曲分为邦老（扮盗贼）、孛老（扮老人）、卜儿（扮老妇）三种。咸淡亦脚色之一种，关于脚色之源流，王国维《古剧脚色考》述之颇详，兹不赘。

## 第四节　打毬

### 一　打毬、蹴毬之分别

打毬与蹴毬之意义，本不相同。《汉书·艺文志》有《蹴鞠二十五篇》，宋王说以为蹴鞠，即打毬，实为错误。王氏《唐语林》卷五云：

打毬，古之蹴鞠也。《汉书·艺文志·蹴鞠二十五篇》，颜注云：鞠以韦为之，实之以物，蹋之以为戏，蹴鞠陈力之事，故附于兵法，蹴音子六反，鞠音距六反，近俗声讹谓鞠为毬，亦从而变焉，非古也。开元天宝中，上（玄宗）数御观打毬为事，能者左萦右拂，盘旋宛转，殊有可观，然马或奔逸，时致伤毙。永泰中，苏门山人刘钢于邺下，上书于刑部尚书薛公云："打毬一则损人，二则损马，为乐之方，甚众，何兹至危，以邀晷刻之欢耶。"

盖在地上，以足蹋者，为蹴毬。在马上，以杖击者，为打毬，截然不同。蹋毬系两足登蹑球上，旋转而行，亦非如今日之踢球也。同书同卷云：

今乐人又有蹋毬之戏，作彩画木毬高一二尺，女妓登蹑毬宛转而行，萦回来去，无不如意，盖古蹋鞠之遗事也。

同书卷七又云：

僖宗好蹴毬、斗鸡为乐，自以能于步打，谓俳优石野猪曰：“朕若试步打进士，当得状元。”

则蹴毬于地上行之，非于马上戏之，蹴自蹴，打自打，两不相干。惟所谓“击毬”者，乃与“打毬”，异名同意。《新唐书》卷一三三《郭英乂传》云：

又教女伎乘驴击毬，钿鞍宝勒，及他服用，日无虑数万费，以资倡乐。

《唐人说荟·李林甫外传》亦云：

李林甫……击鞠，略无休息……道士曰：“郎君虽善此，然忽有颠坠之苦。”

因此可知唐代毬戏，约分为两类：一蹴毬，二打毬。蹴毬之戏，除前引数例，及《新唐书》卷八一《三宗诸子列传》，同书卷一一一《薛嵩传》及《唐摭言》卷一五略有记述外，殊不多见。惟打毬之戏，史不绝书，大有人人同情、胥为此好之势。

## 二　打毬风气之盛

唐人游戏，门类多端，有跳舞、斗鸡、赌博、拔河、角抵、狩猎、打毬、蹴毬、双陆等，就中打毬、狩猎，最能溺人。《唐国史补》卷下云：又有击毬畋猎之乐，皆溺人者也。

高祖之子元吉，宁三日不食，不可一日不猎。《新唐书》卷七九《高祖诸子列传》云：“元吉喜鹰狗，出常载罝网三十车，曰：‘我宁三日不食，不可一日不猎。’”

至于打毬，上自皇帝，下及人民，莫不戏此，今所谓“球迷”者，大有人在。兹列举皇帝喜打击之例如下：

高宗　朕闻胡人善为击鞠之戏，尝一观之。昨初升楼，即有群胡击鞠，意谓朕笃好之也。帝王之所为，岂宜容易，朕已焚此鞠，冀杜胡人窥望之情，亦因以自诫。（《唐鉴》卷七）

玄宗　诸王日朝侧门，既归，即具乐纵饮，击毬、斗鸡、驰鹰犬为乐，如是岁月不绝，所至辄中使劳赐相踵，世谓天子友悌，古无有者。（《新唐书》卷八一《三宗诸子列传》）

敬宗　丁未击鞠于中和殿，戊申击鞠于飞龙院，黄洞蛮降，己酉击鞠用乐。（上书卷八《敬宗本纪》）

宣宗　宣宗在藩邸时，为武宗所薄，将中害者非一，

一日宣召打毬，欲图之。（《唐语林》卷七）

文宗　开成元年，帝自李训之败，意忽忽不乐，两军毬鞠之会，什减六七，设宴享声伎盈庭，未尝解颜。（《唐鉴》卷二〇）

昭宗　自崔胤之死六军散亡俱尽，所余击球供奉内园小儿共二百余人，从帝而东。（《唐鉴》卷二四）

帝既好之，宫中侍臣，亦多与之为戏。《旧唐书》卷五九《姜皎传》云：

皎长安中，累迁尚衣奉御，时玄宗在藩，皎察玄宗有非常之度，尤委心焉……玄宗即位数召入卧内，与后妃连榻，间以击毬斗鸡，呼之不名也。

至于科举新进士，且有打毬会，借以联络感情。《唐摭言》卷三云：

乾符四年，诸先辈月灯阁打毬之会，时同年悉集。无何，为两军打毬军将数辈私较。于是新人排比既盛，勉强迟留，用抑其锐。刘覃谓同年曰："仆能为群公小挫彼骄，必令解去，如何。”状元已下，应声请之。覃因跨马执杖，跃而揖之曰：“新进士刘覃拟陪奉，可乎”。诸辈皆喜，覃驰骤击拂，风驱雷逝，彼皆瞠视。俄策得毬子，向空磔之，莫知所在，数辈惭沮，俛俛而去。时阁下数千人，因之大呼笑，久而方止。

尤不可解者，当时竟以打毬之胜负为官位得失之标准。《太平广记》卷二八九《妖妄》（二）“陈仆射”条云：

陈敬瑄与杨师立、牛勖、罗元杲以打毬争三川（四川之东、西、中三部），敬瑄获头筹，制授右蜀节度，以代崔公（安潜），中外惊骇。

则敬瑄之除西川节度使，并不以其军事政治之才超出群众，实由于毬艺精良，独占鳌头，夫以游戏末作而获军国大事之节度使，则打毬之戏，盛极一时，人人以此博胜负可知也。

## 三　打毬之情况

打毬既于马上戏之，顾其情况若何，自有研究之必要。

唐代打毬，特辟毬场，与今日无异。文献上“毬场”二字，兹列举如下：

翌日于毬场内犒劳；以老牛中筋皮为炙，状瘤魁之脔，坐于地茵大柈食之。（《唐语林》卷四）

宪宗问赵相宗儒曰："人言卿在荆门，毬场草生何也？"对曰："罪诚有之，虽然草生，不妨毬子。"上为之笑。（《唐语林》卷一）

景龙（中宗年号）中妃主家，竞为奢侈，驸马杨慎交、武崇训至油洒地以筑毬场。（《隋唐嘉话》卷一）

以油洒地筑毬场，则唐代之毬场，有如今日沥青马路。可见时人嗜此运动，无时或间，故不惜重资，筑此巩固场所。至于打毬情况，《唐语林》卷一云：

宣宗弧矢击鞠，皆尽其妙，所御马衔勒之外，不加雕饰。而马尤矫捷，每持鞠（毬）杖，乘势奔跃，运鞠于空中，连击至数百，而马驰不止，迅若流电，三军老手，咸服其能。

毬在空中，人坐马上以杖击之，马奔愈速，击愈命中。始称高手。前引同书卷五亦云：

开元天宝中，上数御观打毬为事，左萦右拂，盘旋宛转，殊有可观，然马或奔逸，时致伤毙。

读者于“左萦右拂，盘旋宛转”二语中，可想象其运动情况之一斑。顾以迅速奔击，不独伤马，而且伤人，穆宗曾以此暴得病。《新唐书》卷八《敬宗本纪》云：长庆二年十二月，穆宗因击毬暴得疾，不见群臣者三日。

时有胡澜者，性好打毬，以马奔不便，代之以人，可谓打毬之新方法。《南部新书·庚》云：

胡澜者，吴少诚之卒也，为辩州刺史，好击毬，南方马庳小，不善驰，澜召将吏蹴鞠（应作击毬），且患马之不便玩习，因命夷民十余辈肩舁，据辇扬杖，肩者且击，旋环如风。稍怠，澜即以策叩其背，犯鞭亟走，澜用是为笑乐。

骑人击毬，且使之“旋环如风”，虐待夷人，亦已甚矣。

## 第五节　拔河

### 一　拔河之起源

拔河游戏，来源甚古。相传春秋战国，楚将伐吴，即以是为教战。封演《封氏闻见记》云：

拔河，古谓之牵钩。襄汉风俗，常以正月望日为之。相传楚将伐吴，以是为教战。梁简文临雍禁之，而不能绝。古用篾缆，今（唐）民则以木麻絙长四五十丈，两头分系小索数百条，挂于前，分二朋，两勾齐挽。当大絙之中，立大旗为界，震鼓叫噪，便相牵引，以却者为输，名曰“拔河”。

## 二　拔河之状况

拔河之起源，本由于教战，故至唐代，兵士亦多以此为戏。《新唐书》卷五〇《兵志》云：

六军宿卫皆市人，富者贩缯彩、食粱肉。壮者为角抵、拔河、翘木、扛铁之戏，及禄山反，皆不能受甲矣。

不独兵士为然，即宫女亦多戏此。《新唐书》卷四《则天本纪》云：“（景龙）三年二月己丑，及皇后幸玄武门，观宫女拔河，为宫市以嬉。”又不独宫女为然，即宰相将军等，又多戏此。同书同纪云：“四年……及后妃公主，观三品以上拔河。”

中宗、玄宗时，拔河益形热闹，挽者至千余人，呼声动地，观者惊骇。《唐语林》卷五云：

> 中宗曾以清明日，御梨园毬场，命侍臣为拔河之戏。时七宰相、二驸马为东朋，三宰相、五将军为西朋，东朋贵人多，西朋奏胜，不平，请重定，不为改，西朋竟输。仆射韦巨源、少师唐休璟年老，随絙而踣，久不能兴。上大笑，令左右扶起。明皇数御楼，设此戏，挽者至千余人，喧呼动地。蕃客庶士观者，莫不震骇。进士河东薛胜为《拔河赋》，其词甚美，时人竞传之。

似此上有所好，下必甚焉，则唐代社会，拔河游戏之盛，一般可鉴。

## 第六节　酺

### 一　酺之意义

昔仪狄作酒，禹饮而甘之，曰：“后世必有以酒亡其国者。”遂戒勿饮。自禹而后，历代君主，多禁民饮酒，惟遇庆贺大典，或特别事故，始解其禁，许饮数日。《礼记·礼器篇》引《曾子》云：“《周礼》其犹醵与？（欤）郑注，王居明堂礼，仲秋乃命国醵（合钱饮酒曰醵）。”可知周代每年仲秋，始许人民聚饮。《汉书》卷四《文帝纪》云：

> 酺五日。文颖曰：“汉律三人以上，无故群饮，罚金四两。今诏横赐得令会聚，饮食五日也。”

按“酺”字，许氏《说文》第十四篇下谓：“王德布大饮酒也。”换言之，即解放酒禁，纵民饮之为酺。

## 二　酺之原因及日数

唐初诸帝，以天下太平，国富民殷，欲与民同乐，每遇国家举行特别大典，必许全国人民饮酒——赐酺。《文馆词林》卷六六七太宗“诞皇孙恩降诏”云：“天下大酺五日。其去年收俭之处，百姓既有少乏，不在大酺之例。”则赐酺之日，除荒歉之处外，全国人民，皆纵酒作乐也。兹据《新唐书》，列举唐代赐酺之原因及日数如下：

（一）立皇太子　储贰之重，宗祧所系，四海攸赖，故当建立，例应赐酺，以示庆贺。

（贞观十七年四月）丙戌，立晋王治为皇太子，大赦，赐文武官及五品以上，子为父后者爵一级，民八十以上粟帛，酺三日。（卷二《太宗本纪》）

（永隆元年八月）乙丑，立英王哲，为皇太子，大赦，改元，赐酺三日。（卷三《高宗本纪》）

（圣历元年九月）壬申，立庐陵王显为皇太子，大赦，酺五日。（卷四《则天本纪》）

（开元）三年正月丁亥立郢王嗣谦为皇太子，降死罪流以下原之，赐酺三日。（卷五《玄宗本纪》）

立皇太子赐酺，例皆三日，则天赐五日，乃系特别加恩耳。

（二）更改年号　皇帝改元，表示万事更始，国家兴隆，故亦有酺。

（乾封元年正月）壬申大赦，改元，赐文武官级勋爵。民年八十以上，版授下州刺史、司马、县令、妇人郡县君。七十以上至八十，赐爵一级。民酺七日，女子百户牛酒。（卷三《高宗本纪》）

（长寿元年九月）庚子，大赦，改元，用九月社，赐

酺七日。（卷四《则天本纪》）

（延载元年五月）甲午，大赦，改元，赐酺七日。（同上）

天册万岁元年一月辛巳……改元证圣，大赦，赐酺三日。（同上）

（证圣元年九月甲寅）大赦，改元（万岁通天），赐酺九日。（同上）

（万岁通天元年三月丁巳）大赦改元（神功），赐酺七日。（同上）

（神功元年）壬寅，大赦，改元（圣历），赐酺七日。（同上）

圣历元年正月甲子，大赦，改元，赐酺九日。（同上）

（久视三月）癸丑，大赦，改元，长安罢天册金轮大圣号，赐酺五日。（同上）

（长安元年十月）辛酉，大赦，改元，给复（免税役），关内三年，赐酺三日。（同上）

（先天元年正月）己丑，大赦，改元，曰太极，赐内外官阶爵，民酺五日。（卷五《睿宗本纪》）

（同上五月）辛巳，大赦，改元，曰元和。赐内外官陪礼者勋一转，民酺五日。（同上）

以上赐酺，有“三日”“五日”“七日”“九日”不等，而以“七日”为多，惟此大赦改元，不独赐酺不已，且有免租晋爵之举，似较其他政务隆重。

（三）祭祀天地山川　“国家大事，惟祀与戎”，古有明训。盖祭祀天地山川，为民祈祷幸福，亦国运所关，不赐以酺何以示庆。

（贞观十七、二十、十二年）五月有事于泰山。赐京师酺三日。（卷二《太宗本纪》）

（长安三年十二月）戊子祀南郊，大赦，赐酺二日。（卷四《则天本纪》）

（嗣圣元年）九月壬午祀天地于明堂，大赦，赐文武官勋爵，民为父后者，爵一级，酺三日。（同上《中宗本纪》）

（景龙五年）十二月乙丑，有事于南郊，以皇后为亚献，大赦，文武官阶爵入品者减考，免关内今岁赋，赐酺三日。（同上）

（天宝六载正月）戊子，有事于南郊，大赦，赐文武官阶爵，民酺三日。（卷五《玄宗本纪》）

（同上十载正月）甲午，有事南郊，大赦，酺三日。（同上）

此种赐酺，例皆三日，惟每次多有进文武官阶爵，及赐物、免租之举。则当时官吏，实不胜醉酒饱德之感。然大酺中，间亦惠及民间，例太宗时，曾赐天下七十以上者酒、米、面等物，《文馆词林》卷六六七“获石瑞曲赦凉州诏”云：

神州介福岂独在予，和乐之庆，宜被率土，可赐天下酺三日。自汉魏以来，及于近代，每有大庆，或赐牛酒。然牛之为用，耕稼所资，多有宰杀，深乖恻隐。其男子年七十以上，令州县各量给酒米面，并以官物充。

（四）征服敌国　征服敌国，自是快事。与民同乐，非酒莫欢，故当有酺。

（贞观初年）突厥部种离畔……颉利可汗大惊曰：“兵不倾国来，靖（李靖）敢提孤军至此？”于是帐部数恐……请举国内附……于是斥地自阴山至大漠矣，帝因大赦天下，赐民五日酺。（卷九三《李靖传》）

（贞观十九年六月）己未，大败高丽于安东城东南山，左武卫将军王君谔死之，辛酉，赐酺三日。（卷二《太宗本纪》）

其他赐酺，见于同书高（祖）、太、高（宗）、则天、睿、玄诸帝本纪，尚属不少，例如皇帝即位有酺，太子加元服有酺，朝臣加封号有酺，获祥瑞有酺，作明堂有酺，生子有酺，甚至皇后复位，孙子满月者亦有酺。“赐酺”或“酺”之字，几隔二三页，心一见之，诚以唐代初年，天下太平，国富民殷，有以致之。

## 三　酺日之布置及娱乐

君主因有称心如意之事，然后赐酺，故酺之日，须有种种布置，以示庆祝。《唐大诏令》卷一〇八“禁断大酺广费敕”云：“自今以后（先天二年），两京及天下酺宴，所作山车旱船，结彩楼阁宝车无用之物，并宜禁断。”所谓“结彩楼阁”，正与今国庆日搭结彩门相同。同时又有各种音乐游戏，以资娱乐。《容斋随笔》卷四有诗云：“赐禊东城下，颁酺曲水傍，樽罍分圣酒，妓乐借仙倡。”

玄宗时，大酺于勤政楼，尤为热闹，新声曼歌，百戏并陈。《乐府杂录》“歌”条云：

又一日，赐大酺于勤政楼，观者数千万众，喧哗聚语，莫得鱼龙百戏之音。上怒，欲罢宴，中官高力士奏请：命永新出楼歌一曲，必可止喧。上从之，永新乃撩鬓举袂，直奏曼声，至是广场寂寂，若无一人，喜者闻之气勇，愁者闻之肠绝。

《唐语林》卷一亦云：

玄宗御勤政楼，大酺，纵士庶观看百戏，人物阗咽，金吾卫士指遏不得，上谓力士曰："吾以海内丰稔，四方无事，故盛为宴乐，与万姓同欢，不谓众人喧闹若此，汝有何计止之？"力士曰："臣不能止也，请召严安之处分打场，以臣所见，必有可观。"上从之，安之周行广场，以手板画地，示众，曰："逾此者必死。"是以终日酺宴，咸指其画曰："严公界境，无人敢犯者。"

群众喧哗，扰乱秩序，尊如天子，且不能制止，必须"严公界境"，严重处罚，或永新曼声，感动人心，始归平静，可知当时群众，欢喜若狂，情不自禁也。

再据《唐人说荟》《明皇杂录》记载，玄宗赐酺之日，尤为铺张扬厉，令人叹为观止焉。兹录之如下：

玄宗在东洛，大酺于五凤楼下，命三百里内县令刺史，率其声乐来赴阙，或谓令较其胜负，而赏罚焉。时河南郡守，命乐工数百人，于车上皆衣以锦绣，伏厢之牛，蒙以虎皮，及为犀象形状，观者骇目。时元鲁山遣乐工数十人，联袂歌《于蒍》。《于蒍》，鲁山之文也。玄宗闻而异之，征其词，乃叹曰："贤人之言也。"其后上谓宰臣曰："河内之人，其在涂炭乎。"促命征还，而投以散秩。每赐宴设酺会，则上御勤政殿，金吾及四军兵士，未明陈仗，盛列旗帜，皆被黄金甲，衣短后绣袍，太常陈乐，卫尉张幕，诸将酋长就食，府县教坊大陈山车、旱船、寻撞、走索、丸剑、角抵、戏马、斗鸡。又令宫女数百，饰以珠翠，衣以锦绣，自内中出，击雷鼓为《破陈乐》《太平乐》《上元乐》。又引大象、犀、牛入场，或拜或舞，动中音律。

以上所述，皆为都城皇帝之酺，与酺时之娱乐，至于地方民间之酺，及酺时食品，《朝野佥载》有一记叙如下：

贞观中，恒州有彭闼、高瓒二人斗豪，时于大酺场上，两朋竞胜，闼活捉一豚，从头咬至项，放之地上仍走。瓒取猫儿从尾食之，肠肚俱尽，仍鸣唤不止，闼于是乎帖然心伏。

## 四　酺之废除

有唐一代，酺之最频繁者，系则天时代，酺之最铺张者，系玄宗皇帝。此盖由于则天好夸，玄宗好乐，一夸一乐，故多为此举也。然安史之乱，京师陷落，帝室有蒙尘之苦，黎民罹兵燹之祸。后赖李光弼、郭子仪之力，勘平大乱。然国家濒于破产，公私交困，无复当年气象。自此以后，纵遇大赦改元、祭祀大地及立皇太子等，皆不赐酺。兹再据《新唐书》举例如下：

> （元和元年正月）丁卯，大赦，改元，赐文武官阶勋爵，民年高者米帛羊酒。（卷七《宪宗本纪》）
>
> （长庆元年正月）辛丑，有事于南郊，大赦，改元，赐文武官阶勋爵。（卷八《穆宗本纪》）
>
> （宝历元年正月）辛亥，有事于南郊，大赦，改元……四月癸巳……大赦，赐文武官阶勋爵。（卷八《敬宗本纪》）
>
> （大和元年二月）乙巳，大赦，改元，免京兆今岁夏税半。（卷八《文宗本纪》）

据此足证玄宗以后，肃、德、代、顺等十四帝，虽举行大赦，改元，或祭祀天地大典，亦不赐酺。盖由于国困民贫，无以为乐也。经济学家谓：社会一切之变动，皆受经济势力之支配，于此益信。

## 第七节　婚姻

### 一　贫富女子出嫁之难易

婚姻之重视门户，自古已然，六朝尤甚。梁侯景欲与王谢世族通婚，武帝谓之曰："王谢门高非偶，当于朱张之下访之。"（《南史》卷八〇《侯景传》）齐世族王源与富阳满某通婚，沈约且上章弹之，谓"王满连姻，实骇物听"。唐承六朝之后，此风犹存，时人多以婚世族为荣。《新唐书》卷一一六《李彭年传》云：

> 彭年有才，剖析明悟，历迁中书舍人，吏部侍郎，与李林甫善，常慕山东著姓，为婚姻，引就清列。

同书同卷《李日知传》亦云："日知贵，诸子方总角，皆通婚名族，时人讥之。"

按刘餗《隋唐嘉话》，当时世族，最著者为太原王、范阳卢、荥阳郑、清河博陵二崔、陇西赵郡二李等七姓。时人以婚世族为荣，同时世族为保持贵裔，养尊鸣高，亦互相婚配，不愿下嫁他族。高宗时，李义府为子求婚不遂，奏请禁止。《新唐书》卷二二三上《李义府传》云：

> 自魏太和中定望族，七姓子孙迭为婚姻，后虽益衰，犹相夸尚，义府为子求婚不得，遂奏一切禁止。

同书卷九五《高俭传》亦云：

> 又诏后魏陇西李宝，太原王琼，荥阳郑温，范阳卢子迁、卢泽、卢辅，清河崔宗伯、崔元孙，前燕博陵崔懿，晋赵郡李楷，凡七姓十家，不得自为昏。三品以上纳币不得过三百匹，四品五品二百，六品七品一百，悉为归装，夫氏禁受陪门财。

世族子女。纵然下嫁，亦系贫穷所逼，不得已而为之，故必多取赀财。同书同传云："初太宗尝以山东士人尚阀阅，后虽衰，子孙犹负世望，嫁娶必多取赀，故人谓之卖昏。"

刘知几《史通》所谓"山东人士，嫁娶必多取赀，人谓之卖婚”，信然。

世族女子，数目有限，且互相婚配，人人争娶，自然供不应求。其实名门闺秀，阀阅千金，亦碌碌庸众，毫无他长，顾于此场合，贫女出嫁，实大受影响。盖贫家子女，一以家世低微，二以嫁妆单薄，自然无人愿娶，大有“家贫人不聘，一身无所归”之势。李商隐《义山杂纂》谓贫女出嫁之难，与孕妇走路及新妇见客相同，颇觉有趣。唐代诗人，关于贫富子女，出嫁难易之诗，颇为不少，例举如下：

天下无正声，悦耳即为娱。人间无正色，悦目即为姝。颜色非相远，贫富则有殊。贫为时所弃，富为时所趋。红楼富家女，金缕绣罗襦。见人不敛手，娇痴二八初。母兄未开口，已嫁不须臾。绿窗贫家女，寂寞二十余。荆钗不值钱，衣上无珍珠。几回人欲聘，临日又踟蹰。主人会良媒，置酒满玉壶。四座且勿饮，听我歌两途。富家女易嫁，嫁早轻其夫。贫家女难嫁，嫁晚孝于姑。闻君欲娶妇，娶妇意何如？（白居易《白氏长庆集》卷二《议婚》诗）

寒女命自薄，生来多贱微。家贫人不聘，一身无所归。养蚕多苦身，茧熟他人丝。织素徒苦力，素成他人衣。青楼富家女，才生便有主。终月着罗绮，何曾识机杼。清夜

闻歌声，听之如泪雨。他人如何欢，我意如何苦。所以问皇天，皇天更无语。（邵诏《贫女行》）

平生不识绮罗裳，闲把荆簪益自伤。镜里只应谙素貌，人间多是重红妆。当年未嫁还忧老，终日求媒即道狂。两意定知无说处，暗垂珠泪滴蚕筐。（李山甫《贫女》）

富家女子，“才生便有主”，而贫家女子，“寂寞二十余”，“几回人欲聘，临日又踟蹰”。然若由道德上、经济上论之，一则“嫁早轻其夫”，一则“嫁晚孝于姑”；一则“养蚕多苦身，织素徒苦力”，一则“终月着罗绮，何曾识机杼”。优劣贤愚相差殊甚，无奈“贫为时所弃，富为时所趋”，出嫁终有早晚难易也。

## 二　结婚之年龄与礼俗

唐代男女结婚年龄，凡三变，太宗贞观元年，诏令男年二十、女年十五以上须当嫁娶。《唐会要》卷八三“贞观元年二月四日诏”云：“男年二十、女年十五已上，及妻丧达制之后，孀居服纪已除，并须申以婚媾，令其好合。”玄宗开元二十二年，改定男年十五、女年十三以上，同书同卷“开元二十二年二月敕”云：“二十二年二月敕，男年十五、女年十三以上，听婚嫁。”然代宗时，以国家丧乱，男多三十而婚，女多二十而嫁，《白香山诗集·赠友》诗云：“三十男有室，二十女有归，近代多离乱，婚姻多过期。”

婚姻之年龄不同，自然影响于国家人口之消长。据《历代户口通论》，高祖武德初二百余万户，太宗贞观中几及三百万户，玄宗天宝十三年增至九百零六万九千余户，代宗大历中，遽减至一百三十万户，此一增一减，皆与结婚年龄有关系，《白香山诗集·赠友》诗又云：“嫁娶既不早，生育常苦迟。儿女未成人，父母已衰羸。”

然据人类学所言：男女早婚，养育子女，类多夭弱，害及种族之健康。则虽多亦奚以为。

至于结婚礼俗，纳采时，有合欢、嘉禾、阿胶等，段成式《酉阳杂俎》云：

> 唐世婚礼纳采，有合欢、嘉禾、阿胶、九子蒲、朱苇、双石、绵絮长命缕、干漆九事，皆有词。胶漆取其固，绵絮取其调柔，蒲苇取其心可屈可伸，嘉禾，分福也，双石，意在双固也。

比及佳期，娶妇之家，类多丝竹杂奏，鼓吹喧嘈，以娱宾客而示庆祝。《新唐书》卷九八《韦挺传》云：“今昏嫁之初，杂奏丝竹，以穷宴欢，官司习俗，弗为条禁，望一切惩革，申明礼宪。”

按《旧唐书》卷二八《音乐志》云：“又准令五品官婚葬，先无鼓吹，惟京官五品得借四品鼓吹为仪令”，婚用鼓吹，五品以上之外官，例皆禁止，何况人民。然据韦挺所奏，则禁令自禁止，鼓吹自鼓吹也。当男去亲迎，女子于归，又有种种迷信典礼俗。《酉阳杂俎》云：

近代婚礼，当迎妇，以粟三升填臼，席一枚以覆井，枲三斤以塞窗，箭三枝置户上。妇上车，婿骑而环车三匝。女嫁之明日，其家作黍臛。女将上车，以蔽膝覆面。妇入门，舅姑以下，皆从便门出。更从门入，言当躏新妇迹。又妇入门，先猪枳及灶。娶妇，夫妇并拜，或共结镜纽。娶妇之家，弄新妇。腊月娶妇，不见姑。

洞房之夜，则有撒帐之举，《东京梦华录》云：

坐床撒帐，亦如今（宋）俗……男倒行出，面皆相向，至家庙前，参拜毕，女复倒行，扶入房讲拜。男女各争先后，对拜毕就床，女向左男向右坐，妇女以金钱彩果撒掷，谓之撒帐。

似此风俗，现今尚有行之者。

# 第三章　借贷

## 第一节　资本家之兴盛

我国资产阶级，形成于春秋战国，发达于秦汉，此稍涉史迹者，类皆知之。《史记》卷一二〇《货殖列传》云：

> 范蠡治产于陶，三致千金。
>
> 子贡鬻财于曹鲁之间，而结驷连骑，于七十子之徒，最为富饶。
>
> 猗顿用盐起家。
>
> 郭纵以冶铁成业。

观此，可知此时资产阶级，只有盐商、铁商，以及各种货商，尚未有所谓高利贷之商人。有之，自秦汉始。同书同传云：

> 吴、楚七国兵起时，长安中，列侯封君，行从军旅，赍贷子钱，子钱家以为侯邑国在关东成败未决，莫肯与。唯无盐氏出捐千金，贷其息什十之。三月，吴、楚平。一岁之中，则无盐之息什十倍，用此富埒关中。

所谓“子钱家”，即放债取利之商人，类似今日之钱庄及银行家，尽可操纵金融，支配政府。金钱万能，古今同道也。再同书同传云：

> 天水、陇西、北地上郡，与关中同俗，然西有羌中之利，北有戎翟之畜，畜牧为天下饶，然地亦穷险，唯京师要其道。故关中之地，于天下三分之一，而人众不过什三，然量其富，什居其六。

关中富居天下十分之六，则资产阶级之多，不言可喻。所以近世史家，称春秋战国为封建制度末期，秦汉时代为商业资本时代，深知历史演进之迹矣。唐代国威之盛，上超于汉，下等于元，国外通商，远及阿拉伯，据日人桑原氏《唐宋时代之中外通商》（商务印书馆译本），中世纪，南洋航海权，为唐人独霸。当时之扬州、泉州、广州及今安南之河内，为中外通商之大埠。所以此时商业，非常发达。加以初唐、盛唐之际，天下太平，一切生产事业，皆次第发展。因此，资本家有如雨后春笋，蓬勃兴起，而营高利贷者，亦复不少。当时贵族、僧侣、官吏、地主及商人等，皆属资产阶级，多经营此事业。《文苑英华·赦书十》卷四三九“会昌五年正月三日南郊赦文”云：

> 如闻朝列衣冠，或代承华胄，或职在清途，私置质库、楼店，与人争利，今日已后，并禁断，仍委御史台，察访闻奏。

《唐会要》卷六九“县令”条亦云：

> （天宝九载）十二月敕，郡县官僚，共为货殖，放债侵人，互有征收，割剥黎庶，自今已后，更有此色，并追人影认，一匹以上。其放债官先解见任，物仍纳官，有剩利者，准法处分。

唐之“质库”，即如今之当铺，原为放债取利，似此贵如官吏，不独典民争利，且高利贷而夺民利。则唯利是图之大地主及商人，蝇头之热，不言可喻，兹将唐代借贷事业，分数项言之如下。

## 第二节　借贷之质物

唐代押当物产，称为“贴赁”“贴典”“质”“质当”“质举”“质卖”“倚质”“典质”等，名称不一。《旧唐书》卷九四《李峤传》：“诸田，不得贴赁及质”；《通典·食货志·田制》：“自贴买得田地”；《唐会要》卷八五：“籍张此田，不过汝所贴买耳”；《旧唐书·宪宗本纪》下：“旧第已质于人”，皆属于典质之事。兹分为不动产质、动产质与人质三项言之。

（一）不动产质

唐代田地，依法不得典当，然从役外任，无人守业者，可以通融，《通典·食货·田制》引唐《开元二十五年令》云：

> 诸田不得贴赁及质，违者财没不还，地还本主。若从外役外任，无人守业者，听贴赁及质。其官人永业田及赐田欲卖及贴赁者皆不在禁例。

除此以外，须得本司许可，然后可以典当。《宋刑统》卷二六《杂律》引唐《开元二十五年令》亦云：

诸家长在……而子孙等，不得辄以奴婢、六畜、田宅及余财物私自质举及卖田宅……其有质卖者，皆得本司支牒，然后听之，若不相同，违而辄与及买者，物即还主，钱没不追。

然事实上却不如此，人民典当田地，史籍所载不一而足。

贞元十六年四月……郑州，典质良田数顷，及为节度使至镇，各与本地契书，分付所管令长，令召还本主，时论称美。（《旧唐书》卷一四〇《卢群传》）

宝历元年四月二十日赦文云：门下……应天下典贴，得人庄田园店等，便合只承户税，本主收赎之日，不得引令式，及言私契，组织贫人。（《文苑英华》卷四三二《赦书四》）

天宝十一载十一月诏，如闻王公百官，及富豪之家，比置庄田，恣行吞并，莫惧章程……或改籍书，或云典贴，百姓无处安置，乃别停客户，使其佃食，既夺居人之业，实生浮惰之端，远近皆然，因循亦久。（《册府元龟》卷四九五《邦计部·田制》）

此种典质田地，是否仍归本主所有，或为受主占有，是一亟待讨论之问题。由第一项“令还本主”、第二项“本主收赎之日”、第三项“致令百姓无处安置”观之，则一经典质，必归受主占有，自无疑义。然若本主或国家以钱赎回，受主亦不能留难，据《通典·食货·田制》引宋孝王《关东风俗传》“北齐帖卖田地”云：“帖卖者，帖荒田七年，熟田五年，钱还地还，依令听许。”

“钱还地还”，谅不独北齐为然，唐代以及其他朝代，亦莫不如是。纵间有不归受主占有，只以田契为押当者，然亦系特别之例，并非普遍现象。《唐阙史》卷上云：

时有楚州淮阴农者，比庄项以丰岁，而货殖焉。其东邻则拓腴田数百顷，资镪未满，因以庄卷质于西邻，贷缗百万，契书显验，且言来岁赍本利以赎。至期果以腴田获利，首以贮财赎卷契，先纳八百缗，第检置契书期，明日以残资换券，所隔信宿，且恃通家，因不纳征缗之籍。明日赍余镪至，遂为西邻所不认矣。且无保证，又乏簿籍，终为所拒。东邻冤诉于县，县为追勘，无以证明，宰邑谓曰："诚疑尔冤，其如官中赖者券，乏此以证，何术理之。"后诉于州，州不能解，东邻不胜其忿。

在唐代不动产质中，除田地外，房屋典质亦数见不鲜。白居易《白氏长庆集》卷四一《论魏徵旧宅状》云：

今缘子孙穷贱，旧宅典卖与人，师道请出私财收赎，却还其后嗣，事关激劝，合出朝廷……伏望明敕有司，特以官钱收赎，便还后嗣，以劝忠臣。

《长安志》卷七"崇义坊"条《赠太尉段秀实宅》注云："德宗所赐，应宣宗大中十年诏，秀实坊诸院，典在人……宜赐庄钱收赎。"此虽不明言房产典质，仍为本主所有，或归受主占有，然《长庆集》"以官钱收赎"，《长安志》"宜赐庄宅钱收赎"，则房产一经典质，归谁所有，又何待言。

（二）动产质

不动产质，债务者不履行债务时，债权者可将质物据为己有，于此债权者得切实之担保，社会上亦免去许多纠纷。动产质大概亦如此，《宋刑统》卷二六《杂律》引唐《开元二十五年令》云：

> 收质者，非对物主，若计利过本不赎，听告市司对卖，有剩还之。动产质，至利过本不赎，即行拍卖，盖恐债权者，亏累资本之故。

元代动产质，三年不赎，即行拍卖。《至元杂令》云："诸以财物典质者……经三周年不赎，要出卖许。"此盖以时间为标准，与唐以经济为转移者不同。唐代动产质，依《开元二十五年令》，亦归受主占有，称占有质，兹举两例如下：

> 阳城为朝士，家贫，常以布衾、木枕质钱数万，人争取之。（《唐语林》卷四）
>
> 大历□□□□□□□许十四，为急要钱用，□无得处，遂□□□□□□□梳一共典钱佰文每有头□□□□□□□钱许十四，自□□□□□□将本利钱赎，如违限不赎，其□□□□□□并没，一任将卖。恐人无信，故立私契，两共平章，

□□□□（画指为记）。

钱主

举人女许十四年廿六

同取人男进金年八岁

见人

（Marc Aurel Stein：*Ancient Khotam*，CX’VI．）

布衾、木枕及梳等，皆可典质，则唐代凡属动产，亦莫不可以典质，所以违反人道之人质，此时亦极盛行。

（三）人质

以人身代作债务，谓之人质。人质盖亦如不动产质，与动产质以担保债权为目的，且多以之服役，当作债值。《唐律疏议》云：

诸妄以良人为婢奴，用质债者，各减自相卖罪三等，知情而取者，又减一等，仍计佣以当债直。

《韩昌黎文集》卷四〇《应所在典贴良人男女等状》云：

右准律，不许典贴良人男女作奴婢驱使，臣往任袁州刺史日，检责州境内，得七百三十一人，并是良人男女，准律计佣折直，一时放免。原其本末，或因水旱不熟，或因公私债负，遂相典贴，渐以成风，名目虽殊，奴婢不别，鞭笞役使，至死乃休，既乖律文，实亏政理。袁州至小，尚有七百人，天下诸州，其数固当不少，今因大庆，伏乞有司，重举旧章，一皆放免。

以狭小之袁州男女质，至七百三十一人之多，他州可想而知。又《柳子厚墓志》云：

子厚得柳州，既至而叹曰："是岂不足为政邪……"其俗以男女质钱，约不时赎，子本相侔，则没为奴婢。子厚与设方计，悉令赎归。其尤贫，力不能者，令书其佣，足相当，则使归其质。

再《新唐书》卷一三六《李光弼传》云：

光弼有遗爱，擢汇为刺史，后迁泾原节度使，罢军中杂徭，出俸钱赎将士质卖子还其家。

观此，则人身典质，固不限于人民，即将士中亦有之，风气之盛，一斑可鉴。此种人质。仍与不动产质动产质相同，归债权者占有，属于占有质。倘过期不赎，则没为奴婢。《韩昌黎集》卷三二《柳州罗池庙碑》云："先时民贫，以男女质，久不得赎。"《旧唐书》卷一六〇《韩愈传》亦云："袁州之俗，男女隶于人者，逾约则没入出钱之家。"

然此种人质，大违人道，故为法律所禁，许以人身劳动——一日三尺之庸——抵销债务，还其自由。《唐律疏议·杂律》云：

> 诸公私以财物出举者……家资尽者，役身折酬，役通取户内人口。

《事林广记》载《至元杂令》云：

> 诸以财物出举者，每月取利，不得过三分，积日虽多，不得过一倍，亦不得回利为本，及立倍契。若欠户全逃，保人自用代偿。

前引韩愈《应所在典贴良人男女等状》亦云：

臣往任袁州刺史日，检责州境内，得七百三十一人，并是良人男女，准律计佣折直，一时放免。

此以劳动代债务，乃由法律所强迫。若债务过重，势必终身服劳，为人奴婢，牛马生活，殊深悲痛。不过元代人质典及己妻，比此尤为凄惨，今引《元典章》卷五七《刑部》“禁典雇夫妇人，至元二十九年六月二十四日，中书省据御史台浙东海右道廉访司申本道副使王朝请笺”所云，以做本节结论：

中原至贫之民，虽遇大饥，宁与妻子同弃沟壑，安得典卖于他人。江淮混一，十有五年，风薄俗败，尚且仍旧，有所不忍闻者，其妻既入典傭之家，公然得为夫妇，或为婢妾，往往有所出。三年五年，限满之日，虽曰妇还本主，或典主贪爱妇之姿色，再舍银财，或妇人恋慕主人之丰足，弃嫌本夫，久则相恋，其势不得不然也。轻则添财再典，甚则皆以逃亡，或有情不能相舍，因而杀伤人命者有之。官法如有受钱令妻与人通奸者，其罪不轻。南方愚民公然受债，将妻子典与他人，数年如同夫妇，岂不重于一时，令妻犯法之罪。有夫之妇，拟合禁治，不许典雇。

## 第三节　借贷之利息

借贷利息，因时地而异，宋《庆元条法事类》（静嘉堂文库藏旧抄本）卷八〇“杂门关市令”云：

> 诸以财物出举者，每月取利，不得过肆厘，积日虽多，不得过壹倍，即元借米谷者止还本色，每岁取利，不得过伍分（谓每斗不得过伍升之类），仍不得准折价钱。

然《宋刑统》卷二六《杂律》云：

> 又条诸公私……每月取利，不得六分，积日虽多，不得一倍。

《至元杂令》亦云：

> 诸以财物出举者，每月取息，不过三分，积日虽多，不得一倍，亦不得回利为本，及立倍契，若欠户全逃，保人自用代偿。

宋元二代借贷利息，有六分、伍分及三分之差别，其他各代，亦莫不然。不过古人关于此记载，材料无多，唐代之借贷利息，史籍记载，仅有如下数条：

《唐六典》卷六云：

凡京司有别借食本(中书门下集贤书院各借本一千贯，尚书省司、吏部、户部、礼部、兵部、刑部、工部、御史台、左右春坊、鸿胪寺、秘书省、国子监、四方馆、宏文馆各百贯，皆五分收利，以为食本，诸司亦有之，其数则少）。每季一申省，诸州岁终而申省比部，总司句覆之，凡仓库出内、营造、佣市、丁匹、功程、赃赎、赋敛、勋赏、赐与、军资器仗，和籴、屯收，亦句覆之（凡质举之利，收子不得逾五分。出息、债过其倍，若回利充本，官不理）。

《西域考古图谱史料》载唐大历“借钱文书”云：

大历十六年三月廿日，杨三娘，为要钱用，遂于药方邑，举钱壹仟文，每月纳贰百文，计六个月本利并纳。

又云：

> 大历十六年六月廿日，朱十四，为要钱用，遂于药方邑，举月抽钱，壹□文每月纳贰百文，限六个月□□□

《唐会要》卷八八《杂录》云：

> 开元十六年二月十六日诏，比来公私举放，取利颇深，有损贫下，事虽厘革，自今已后，天下负举，只宜收四分利，官本五分取利。

按第一项，月利五分等于年利六成。第四项，官本五分取利亦同，惟私本四分收利，等于年利四成八。第二、三项，每月纳贰百文，约计亦等年利六成五。因此可知官本借贷，利息较重（月利五分），私本借贷，利息稍轻（月利四分）。盖第一项之质举，属于比部郎中员外所管。第四项明言，“官本五分取利”，而第二、三项杨三娘、朱十四所借，恐亦属官本；故其借契，为官保存，至今日始发现也。

然据《陆宣公奏议》卷二二《论两税之弊须要厘革》云：“有流通蕃货之类虽寡，而计日取赢。”则借贷之中，尤有计日取利者，资本家剥削之苛，殊为可恨。而无钱举债之小民，破家荡产者，不知几许矣。《新唐书》卷一三二《沈既济传》云：

以息准本，须二千万，得息百万，配户二百，又当复除其家……今关辅大病，皆言百司息钱，毁室破产，积府县，未有以革。

故《文苑英华》卷四二二“宝历十四年七月二十三日，上尊号赦令”云：

门下……御史台及秘书省等三十三司，公廨及诸色本利践，其主保逃亡者，并正举纳利十倍已上，摊征保人，纳利五倍已上，及转摊保者，本利并宜放免……京城内私债，本因富饶之家乘人急切，终令贫乏之辈，陷死逃亡，主保既无，资产亦竭，徒扰公府，无益私家。应在城内，有私债经十年已上，本主及原保人死亡，又无资产可征理者，并宜放免。

又《唐会要》卷八八《杂录》“宝历元年正月七日

敕”云：

> 应京城内有私债，经十年已上，曾出利过本两倍，本部主及原保人死亡，并无家产者，宜令台府，勿为征理。

规定官债，主保逃亡，利十倍已止，只摊征保纳五倍，私债则利过本两倍，主保死亡，皆一律放免，亦可谓救时之弊也。

## 第四节　公廨本钱

南北朝时，北魏官无禄，自谋生活，据赵翼《廿二史劄记》卷一四云：

> 后魏未有官禄之制，其廉者，贫苦异常，如高允草屋数间，布被缊袍，府中惟盐菜，常令诸子采樵自给是也。(《允传》)否则必取给于富豪，如崔宽镇陕，与豪宗盗魁相交结，莫不感其义气。时官无禄力，惟取给于人，宽以善结纳，大有受取，而与之者，无恨。（《宽传》）

所以历隋以至唐，官吏亦多无一定俸禄，贞观元年，公私之费，皆赖公廨田，后以用度不足，乃置公廨本钱，取息为月俸。《唐会要》卷九三《诸司诸色本钱上》云：

> 贞观元年，京师及州县，皆有公廨田，以供公私费，其后以用度不足，京师官有俸，已而诸司置公廨，以番官贸易取息，计员多少为月科。

至于中央官吏，各人应得借本若干，如前引《唐六典》卷六所云。《旧唐书》卷九《玄宗本纪》亦云："长安、万年两县，各与本钱一千贯收利供驲。"又《唐会要》卷九三又云：

> 乾元（肃宗年号）元年敕，长安、万年两县，各备钱一万贯，每月收利以充和雇。

长安、万年二县，在玄宗时，得一千贯为借本，肃宗时得一万贯为借本。谅其他州县，亦得相当借本，计月取利，以作公私之费。再据以上记载，州县之公廨钱，所得利息，大约以供驲及和雇之用，而京师之公廨钱，所得利息，多作为膳费，《唐六典》所谓"别借食本"，即其一例。同时《唐会要》卷九三亦云：

贞元元年四月，礼部尚书李齐运奏：常司本钱至少，厨食阙绝，请准秘书省大理寺例，取户部阙职官二千贯，充本收利，以助公厨所乏。

同书同卷又云：

四年六月上御紫宸殿，宰臣李珏奏堂厨食利钱一千五百贯，供宰相香油蜡烛。

然除膳费外，间亦有以修理公署，及添买什物杂用。同书同卷云：“新收置公廨本钱，应缘添修廨宇什物，及令史府史等厨并用。”

总之，唐代百官之费，大多靠公廨钱利息，所以自太宗贞观实行以后，各帝均视为财利渊薮，未之更改，且用官府势力，强迫人民借贷。《新唐书》卷一三二《沈既济传》云：“以息准本，须二千万，得息百万，配户二百。”所谓“配户”，即强迫各户，分摊借贷，不然则有借本而无借人，百官膳费以及一切政费，无所从出，其何能淑。故不得不出此强迫手段。至其利息，前面所述比私人借款为重。今据《唐会要》卷九三记载，殊不尽然。

诸司所征到钱，自今以后，仍于五分之中，常抽一分，留添官本。

其年（会昌元年）六月河中，晋、绛、慈、隰等州观察使孙简奏，准赦书节文，量县大小，各置本钱，逐月四分收利，供给不乘驿，前观察使刺史，前任台省官。

今准长庆三年十二月九日敕。赐诸司食本钱，共八万四千五百贯文，四分收利。

官员于人户上征钱，皆被延引，虽有四分收利之名，而无三分得利之实。

可知公廨钱月利，虽规定为五分或四分，然实则收得三分，固比私债之月利四分为轻也。不过当时穷民，因公私债务，家室破荡者，已属不少，故李商隐《义山杂纂》云：

| | |
|---|---|
| 欠债不偿逢主 | 惶愧 |
| 出门逢债主 | 闷损人 |
| 有钱不还债 | 痴顽 |
| 不欠债负 | 必富 |

唐代之官民借贷事业，由以上观之，可以得数个概念：第一，唐代因中外通商，商业发达，于是放债借贷，极为流行，以为缓急相济之便利。第二，唐代因商业发达，及土地兼并之

故，产生势力雄厚之资产阶级，有操纵放债借贷之大权。第三，当时凡欲借贷之人民，皆可以有价值之物件做抵押品，向资本阶级借钱以济急需。第四，唐代不独普通资产阶级，可以经营放债之事业，即政府官吏，亦经营之，借利息以维持生活。第五，唐代放债之利息，官营者较私营者为轻。唐代放债借事业，既如是盛行，则当时政府费用之短绌，人民经济之拮据，与及资产阶级不劳而获，可以想见矣。

# 第四章　交通

## 第一节　行政机关之系统

唐代交通机关名曰驿，驿有舍；其非通途大道，则曰馆。三十里一驿。天下凡一千六百三十有九所，二百六十所水驿，一千二百九十七所陆驿，八十六所水陆相兼。陆行以马，水行以舟，居则有舍。 切设备，颇为完善。行政机关，亦井然有序，行旅来往，咸称便利。

唐代驿传，最高机关为兵部。《唐六典》卷五“驾部郎中”条云：

> 驾部郎中、员外郎，掌邦国之舆辇车乘，及天下之传驿，厩牧官私马牛杂畜之簿籍。

兵部直辖驿传，盖因驿传，系备军事之用，且多需用马，兵部既主军事，复管马政，驿传属之，指挥较为灵便。兵部之下，诸道节度使，各设馆驿，巡官四人，判官一人，专理驿务。《新唐书》卷四九下《百官志》（四下）云：节度使副大使，知节度事……馆驿巡官四人。《唐会要》卷六一亦云：（贞元）五年正月考功奏，诸道节度观察等使，各选清强判一人，专知邮驿。

至于诸州，由兵曹司、兵参军主之；诸县由县令主之。《唐六典》卷三〇“都督刺史”条云：兵曹、司兵参军，掌武官选举、兵甲器仗、门户管钥、烽候传驿之事。同书同卷“京畿及天下诸县令”条又云：

> 若籍帐、传驿、仓库、盗贼、河堤、道路，虽有专当官，皆县令兼综焉。县丞为之贰。

《通典·职官》卷三三“乡官”条云：

> 天宝七载，诏父老六十板授本县丞，七十以上授县令，三十里一驿，驿各有将，以州里富强之家主之，以待行旅。

玄宗以前，主驿者，称为“将”，肃宗时，改称“捉驿”。《新唐书》卷一四九《刘晏传》云：

初，州县取富人督漕挽，谓之“船头”，主邮递，谓之“捉驿”……上元、宝应间，晏始以官船漕而吏主驿事。

最后始称为“驿长”。《新唐书》卷四六《百官志》（一）云：

凡三十里有驿，驿有长。

吏主驿传，实始于唐，按《通考》卷六三汉置督邮，掌监属县，有东西南北中五部，谓之五部督邮。魏晋南北朝因之，以至于隋。及唐有天下，始废督邮，以吏主之。

历来官场，官愈大事愈少，官愈小事愈繁，所以驿传官吏，以驿长为最忙碌，《全唐文》卷五八〇柳宗元《馆驿使壁记》云：“告至告去之役，不绝于道，送往迎劳之礼，无旷于日。”盖驿传事务，至为繁冗。外则军情诰命之寄递，乘驿使节之往来，内则驿舍之修理，驿马之补充，以及驿夫之指使管理，在在承命以行，岁终复呈报马驴死亡肥瘠之数，及经费支出收入之差。如《新唐书》卷四六《百官志》（一）“驾部郎中”条云：凡驿传马驴，每岁上其死损肥瘠之数。《唐会要》卷六一“馆驿”条亦云：

> 会昌元年二月，御史陈夷行，商量条流……请准敕先牒诸州府，勘鞍马杂物，作人工粮课，并勘每年缘馆驿马占留钱数，诸道破用，及使料粟麦递马草料。

驿中马驴，例禁借出，偶有死亡，亦负赔偿之责。《唐律疏议》卷一五“监主借官奴畜产”条疏议文云：

> 即私借驿马，及官司借之者，各杖一百，五日徒一年……驿马驴一给以后，死即驿长赔填。

驿长以下，则为驿夫。驿夫工作，极为忙碌，生活甚苦。《全唐诗》第五函第五册王建《水夫谣》云：

> 苦哉生长当驿边，官家使我牵驿船。辛苦日多乐日少，水宿沙行如海鸟。逆风上水万斛重，前驿迢迢后淼淼。半夜缘堤雪和雨，受他驱遣不复去。衣寒衣湿披短蓑，臆穿足裂忍痛何！到明辛苦无处说，齐声腾达牵船出。一间茆

屋何所直，父母之乡去不得。我愿此水作平田，长使水夫不怨天！

唐代驿夫，皆以民任之，宋王栐《燕翼贻谋录》卷一“置递卒代递夫”条云：“前代（唐）邮置，皆役民为之，自兵农既分，军制大异于古，而邮亭役民如故。”其派遣及服役之次序，皆有定限。

《唐律疏议》卷一六“丁夫差遣不平”条疏议文云：

差遣之法，谓先富强后贫弱，先多丁后少丁。凡丁分番上役者，家有兼丁要月（农忙之月）、家贫单身闲月（农闲之月）之类，违此不平。

服役期限，亦有一定，大概每岁两旬，至多亦不过五旬。《通典》卷六《食货门》云：

诸丁匠岁役工二十日，有闰之年，加二日，须留役者满十五日，免调，三十日租调俱免，通正役并不过五十日。

驿夫供役，亦有定价，水驿驿夫，每驿年约十五千。《唐六典》卷五“驾部郎中”条注文云：凡驿皆给钱以资之，杂物并皆为市。《唐会要》卷六一“馆驿”条亦云：

> 二年（会昌）四月二十三日敕节文，江淮两浙每驿供使水夫价钱，旧例约十五千。近日相仍，取索无度。苏常已南无驿，使供四十余千，或界内有四五驿，往来须破四五千，今后宜依往例。

至所谓“馆驿使”，专察过失，盖为驿传之监察官也。《唐会要》卷六一“馆驿”条云：

> 开元十六年七月十九日敕，巡传驿，宜因御史出使，便令校察。至二十五年五月，监察御史郑审检校两京馆驿，犹未称使……乾元元年五月，度支郎中第五琦充诸道驿使。大历五年九月，杜济除京兆尹，充本府驿馆使。自后京兆尹常带使，至建中元年停。大历十四年九月，门下省奏，两京请委御史台各定知驿使御史一人，往来勾当，遂称馆驿使。

馆驿使之役，始于代宗大历五年。大历以前，仅御史巡驿，尚无专使也。

因此，可知唐代交通机关，行政系统，井然有序，特作简表如下，以殿本节：

<table>
<tr><td>监察</td><td colspan="5">行政</td></tr>
<tr><td rowspan="2">馆驿使</td><td>中央</td><td>诸道</td><td>诸州</td><td>诸县</td><td>诸驿</td></tr>
<tr><td>兵部</td><td>馆巡<br>驿官</td><td>兵曹司<br>兵参军</td><td>县令</td><td>驿长</td></tr>
</table>

## 第二节　递传之利器

交通机关，为国家之要政。政令之传达，军队之输送，经济之调和，与夫官吏、商旅之来往，皆惟此是赖。然若递传利器，不甚完备，则功能亦未表见。所以论唐代交通，首先及驿马、传马、驿驴、驿船等。兹依次述之如下：

唐代陆驿一千二百九十七所，水陆相兼八十六所，皆用驿马，以为传递。各驿使用马数之多寡，皆有定限。《唐六典》卷五“驾部郎中”条注文云：

每驿皆置驿长一人，量驿之闲要，以定其马数，都亭七十五匹，诸道之第一等减都亭之十五，第二、第三皆以十五为差，第四减十二，第五减六，第六减四。

依此推算，各驿马数最多者七十五匹，最少者八匹，表列如下：

| | |
|---|---|
| 都亭驿 | 七十五匹 |
| 诸道第一等驿 | 六十匹 |
| 诸道第二等驿 | 四十五匹 |
| 诸道第三等驿 | 三十匹 |
| 诸道第四等驿 | 十八匹 |
| 诸道第五等驿 | 十二匹 |
| 诸道第六等驿 | 八匹 |

官吏往来，驿长视其官阶之高低以给马，大概一品官给八匹，七品以下给二匹。《新唐书》卷四六《百官志》（一）“驾部郎中”条云：

> 凡给马者一品八匹，二品六匹，三品五匹，四品五匹，五品四匹，六品三匹，七品以下二匹。

惟《唐律疏议》卷一〇“增乘驿马”条疏议文云：

依公式令，给驿职事三品以上若王四匹，四品及国公以上三匹，五品及爵三品以上二匹，散官、前官各递减，职事官一匹，余官爵及无品人，各一匹。

与前不同，究竟谁是谁非？疑莫能明。然若逾此限度，或应乘驴而乘马者，罪徒一年，同书同条律文云：

诸增乘驿马匹者，一匹徒一年，二匹加一等（应乘驴而乘马者减等），主司知情与同罪，不知情者勿论。

唐代官马，身上皆有印，以记其年岁，及所属之机关，《唐六典》卷一七“诸上牧监”条云：“凡在厩之马皆印（印左膊以“小官”字，右髀以年辰，尾侧以监名）。”所以驿马，亦皆有印。同书卷三〇“兵曹司兵参军”条注文云：凡驿马以“驿”字印印项右，“匹”字印印项左。

项之左右，印有“驿”字、“递”字，为驿马之特别记号。《全唐诗》第四函第一册杜甫《瘦马行》，所谓“细看六（一作火）印带官字（监牧马右膊皆印官字），众道三（一作官）军遗路旁”，盖即指此。

唐代驿马，系各驿自养，盖驿有驿田，即为此而设。《册府元龟》卷四九四《田制门》“唐田制”条云：

> 开元二十五年，诸驿封田，皆随近给，每马一匹给地四十亩，若驿侧有牧田处，匹别各减五亩，其传递马，每匹给田二十亩。

《新唐书》卷四六《百官志》（一）亦云：凡驿马给地四顷，莳以苜蓿。

按唐制，田百亩为顷，四顷系四百亩，马一匹，给田四百亩，殊为过当，应以《册府元龟》为是。然据《新唐书》卷五〇《兵志》云：

> 九年（开元）又诏：天下之有马者，州县皆以邮递军旅之役定户，复援以升之。百姓畏苦，乃多不畜马，故骑射之士减曩昔。自今诸州民，勿限有无荫，能家畜十马以下，免帖驿邮递征行，定户无以马为赀。

同书卷五三《食货志》（三）亦云：

> 大和初判度支王彦威置县递群畜三千三百乘，使路傍

民养，以取佣，日后一驿，省费甚博。

则驿马，固非全系官有，亦有役使民马，或官给民养者也。驿之备马，盖以利交通，故每三年一易，淘汰老弱，更换健壮。《新唐书》卷一八二《卢钧传》云：钧拜华州刺史，关辅驿马疲耗，钧为市健马，率三岁一易，自是无乏。《册府元龟》卷六二一“卿监部司兵”节亦云：文宗开成元年二月，以飞龙马二百匹，赐京兆府，完给诸驿。

康庄大道，健壮高大之马，功用实大。然若险峻山岭之地，有所不便，则用小马。《唐六典》卷五“驾部郎中”条注文云：“有山阪险峻之处及江南、岭南暑湿不宜大马处，兼置蜀马。”按李义资暇集卷中“成都出小驷，以便于难路，号为蜀马，今宣城郡亦有小马，时皆呼为宣城蜀马”，则蜀马，盖小马也。

驿马之外，又有所谓“传马”，用以驾车，亦为交通之利器。《唐会要》卷六一“馆驿”条云：

（开元）十八年六月十三日敕，如闻比来给传使人，为是传马，还只乘驿，徒押传递，事颇劳烦，自今以后，应乘传者，宜给纸券。

则官吏之往来，亦有给传马者。《新唐书》卷四六《百官志》（一）又云：

给传者，一品十马，二品九马，三品八马，四品、五品四马，六品、七品二马，八品、九品一马；三品以上敕召者，给四马，五品三马，六品以下有差。

《唐律疏议》卷二六“应给传送剩取”条疏议文亦云：

应给传送，依厩牧令，官爵一品给马八匹，嗣王、郡王及二品以上给马六匹，三品以下各有等差。

“给传”即给传马，因用以驾车，故给数比驿马多。唐代官吏家口还乡，亦皆给传，《旧唐书》卷八四《郝处俊传》云：

（郝处俊）终，祭以少牢，赠绢布八百段……令百官赴哭，给灵舆，并家口递还乡，官给葬事。

按《汉书》卷一下《高祖本纪》“乘传诣雒阳”句，颜师古注“传者，如今（唐）之驿，古者以车，谓之传车，其后又单置马，谓之驿骑”，足知传为车，与驿骑不同。《唐六典》卷八《门下省》“给事中”条云：凡发驿遣使，则审其事宜，与黄门侍郎给之，其缓者给传。则唐代官吏家口之过往，与夫使节公事稍缓者，多系给传马，不给驿马也。

开元以后，军事频繁，官马征发殆尽，常以驴代驿马。《册府元龟》卷一五九“革弊”节云：

> 是岁（开元）二十九年，京兆府奏，两京之间，多有百姓僦驴，俗谓之驿驴，往来甚速，有同驿骑。犯罪之人，因此奔窜，臣请禁绝，从之，寻又不行。

驿驴初本民间用之，后渐为官所用。故前引《新唐书》卷四六《百官志》（一）云：凡驿马驴，每岁上其死损肥瘦之数。《唐律疏议》卷一〇“增乘驿马”条疏议文亦云：“六品以下，前官、散官、卫官、省司差役急速者，给马，使回及余使并给驴。”则驿驴、驿马，异用同功，竟成定制矣。

唐代二百六十所水驿，八十六所水陆相兼，则船之为用，万不可少。所用之数，各驿不同，盖视事之繁简而定。《唐六典》卷五“驾部郎中”条注文云：

> 凡水驿亦量事闲要，以置船，事繁者，每驿四只，闲者三只，更闲者二只。

则事繁者船多，简者船少，至于江河川渎之津处，所置渡船，亦有定数。同书卷七“水部郎中”条注文云：

> 白马津船四艘，龙门、会宁、合河等阙船并三艘，渡子等皆以当处镇防人充；渭津关船二艘，渡子取永丰仓防人充；渭水冯渡船四艘，泾水泾合渡、韩渡、刘控坂渡、眭城坂渡、覆篱渡船各一艘，济川津、平阴津、风陵津、兴德津船各两艘，洛水渡口船三艘，渡子皆取侧近残疾、中男解水者充。会宁船别五人，兴德船别四人，自余船别三人。蕲州江津渡、荆州洪亭、松滋渡，江州马颊、檀头渡，船各一艘，船别六人，越州、杭州浙江渡、洪州城下渡、九江渡，船各三艘，船别四人，渡子并须近江白丁、便水者充，分为五番，年别一替。

依此，表列如下：

| 津关渡名 | 渡船 |
| --- | --- |
| 白马津 | 4 |
| 龙门关（同州） | 1 |
| 会宁关（会州） | 3 |
| 合河关（岚州） | |
| 渭津关（兴州） | 2 |
| 冯渡 | 4 |
| 韩渡 | 1 |
| 泾合渡 | 1 |
| 刘控坂渡 | 1 |
| 睦城坂渡 | 1 |
| 覆篱渡 | 1 |

| 津关渡名 | 渡船 |
| --- | --- |
| 济川津 | 2 |
| 平阴津 | 2 |
| 风陵津（蒲州） | 2 |
| 兴德津 | 2 |
| 洛水渡口 | 3 |
| 江津渡（蕲州） | 1 |
| 松滋渡（荆州）/（洪亭） | 1 |
| 檀头渡（江州）/（马颊） | 1 |
| 浙江渡（越州）/（杭州） | 3 |
| 城下渡（洪州） | 3 |
| 九江渡（洪州） | 3 |

至于船之形状，自然大小皆备。《全唐诗》第七函第三册白居易《江州赴忠州至江陵以来》诗所谓“艛（大船）艓（小船）驿船迎”，一般可鉴。

## 第三节　驿舍之设备

所谓驿舍，邮舍，或传舍，名虽异，意实同。盖所以供驿长、驿夫以及往来官吏休息食宿之地也。有唐一代，驿舍建筑之状，与夫规模之广狭，虽不得其详，然于文献上，尚可窥见一斑。兹列举如下：

麟德二年十月，征刘仁轨次于莱，舍于驿西厅。夜已久，有御史至，驿人白曰："西厅少住，有使止矣。"曰："谁？"曰："带方州刺史。"御史令移却，仁轨遽就东厅。（《唐会要》卷六一"御史出使"条）

御史到馆驿，已于上厅下了。有中使后到，即就别厅。（同书同卷"馆驿"条）

猿上驿楼啼。（《李商隐诗集》卷中《昭郡》）

南陵问驿楼。（《孟浩然集》卷二《泊宣城界》）

大概驿舍，多有"东厅""西厅""上厅""别厅"，及楼阁台榭，以供旅客休息留宿之用。同时又设酒库、茶库、菹库等，以便旅客随意小酌。李肇《唐国史补》卷下"菹库蔡伯喈”条云：

> 江南有驿吏，以干事自任。典郡者初至，吏白曰：“驿中事已理，请一阅之。”刺史乃往，初见一室，署云“酒库”……又一室署云“茶库”……又一室，署云“菹库”。

褒城驿舍，且有沼、有舟、有竹、有柳、有亭、有轩、有堂、有庭庑，如今日北平北海公园之景况。《孙樵文集》卷三《书褒城驿壁文》云：

> 褒城驿号天下第一，及得寓目，视其沼则浅混而污，视其舟则离败而胶，庭除甚芜，堂庑甚残……至有饲马于轩，宿隼于堂。

《杜甫集》卷十《秦州杂诗》亦云：“临池好驿亭，丛篁低地碧，高柳半天青”，据此可知驿舍规模之宏大，及设备之完善。顾炎武《日知录》卷一二“馆舍”条谓“予见天下之为唐旧治者，其城郭必皆宽广，街道必皆正直，舍之为唐旧创者，其地必皆宏敞”，实言之有据。

官吏驻舍，原无官阶之分，先到者，皆有优先权。《唐会要》卷六一“馆驿”条云：

其年（贞元五年）四月，御史台奏，御史出使及却回，所在馆驿，逢中使等。旧例，御史到馆驿，已于上厅下了，有中使后到，即就别厅。如有中使先到上厅，御史亦就别厅。因循岁年，积为故实，访闻近日，多不遵守。中使若未谙往例，责欲逾越，御史若不守故事，惧失宪章。喧竞道途，深乖事体。伏请各令遵奉旧例，冀其守分。敕旨其三品官及中书门下尚书省官，或出衔制命，或入赴阙庭，诸道节度，使观察使赴本道，或朝觐，并前节度观察追赴阙庭者，亦准（先监察御史元稹，自东台赴阙，至敷水驿，与中使刘士元争厅事，因士元以鞭击元稹之面，稹跣而走，故有是命）。

留居驿舍，公家例给食宿，惟只限三日，家口亦不在给例，同书同条云：

贞元二年二月，河南尹充河南水陆运使薛珏奏，当府馆驿，准永泰元年三月京兆尹兼御史大夫第五琦奏：使人缘路，无故不得于馆驿淹留。纵然有事，经三日已上，即于主人安置馆，存其供限，如有家口相随，及自须于村店安置，不得令馆驿将杂物、饭食、草料等就彼供给。

尚不应受供给，而冒受者，以盗窃论罪。《唐律疏议》卷二六“不应入驿而入”条律文云：

> 诸不应入驿而入者笞四十，辄受供给者，杖一百计。赃重者准盗论。虽应入驿不合受供给而受者，罪亦如之。

然亦有只许投宿不与供给者。同书同卷疏议文云：

> 私行人职事五品以上，散官二品以下，爵国公以上，欲投驿止宿者，听之。边远及无村店之处，九品以上，勋官五品以上及爵，遇屯驿止宿亦听，并不得辄受供给。

则唐代驿舍，对于官吏过往，供给食物与否，盖因时因地而异，本无一定之标准也。

## 第四节　驿使之往来

原来驿传之设，在官为供政令之传达，官吏之过往，在民为便货物之贩运，商贾之来回。然唐代驿传，系官用之交通机关，民可望而不可即。所以驿道上旅客之往来，上焉者为奉节使臣，其次为中央或地方官吏，再次为官吏之家眷。兹据各书，列举唐代旅客乘马住驿之资格如下：

有军务要速，或追征报告，如此之类，遣专使乘驿，赍送文书。（《唐律疏议》卷一〇《职制》）

依公式，令在京诸司，有事须乘驿，及诸州有急速大事，皆合遣驿。（同书同卷）

又依议制令，皇帝践阼，及加元服，皇太后加号，皇太子立，及赦，元日，刺史若京官五品以上在外者，并奉疏贺，州遣使，余附表。（同书同卷）

（长庆）八年八月敕，厘革应缘私事，并不许给公券。臣等商量，惟寒食拜扫，著在令式，御恩乘驿，以表哀荣。（《唐会要》卷二三“寒食拜扫”条）

天宝十一年十一月五日，自今诸郡太守，谢上表，附驿递进。（同书卷六一“馆驿”条）

其年（开元七年）七月一日敕，诸道按察使，家口往过，宜给传递。（同书同条）

（景云）二十二年七月七日新除都督刺史并阙三官州

上佐，并给驿发遣。（同书同条）

开元十二年，于京丽正院定表样，并审尺寸差太史官驰驿，分往测候。（《唐六典》卷一〇“司历”条注文）

所择博士，兼通《孝经》《论语》……令四品以上，各举所知，在外者给驿。（《旧唐书》卷四九《归崇敬传》）

道士女冠僧尼，见天子必拜，凡止民家，不过三夜，出逾宿者立案，连署不过七日，路远者州县给程。（《新唐书》卷四八《百官志》三）

（则天时）有告密者，臣下不得问，皆给驿马。（《通鉴》卷二〇三《唐纪十九》）

可知唐驿传，系官家之交通机关，于民无与。凡乘驿者，统称为驿使，故奉差乘驿，赍送公文，谓之驿使。告密给驿，入觐莅位，亦谓之驿使。驿使之遣发，在京由门下省主之，在外则由留守及诸军州主之。

《唐六典》卷五“驾部郎中”条注文云：“凡乘驿者，在京于门下给券，在外于留守及诸军州结券。”驿使之过往，皆有符券，以资证明。所过之驿或关口，必给有司查验签署，倘无符券，或有而不交验，则不许通过，同书同卷注文接云：若乘驿经留守及都督府，过者长官押署，若不应给者，随即停之。

符券之种类凡四：一曰角符；二曰传符；三曰银牌；四曰券。名称虽异，功用则一，券已见于上，兹述角符、传符、银牌如下：

> 角符　慰问聘诏，则莅封题，发驿使则给角符。（《新唐书》卷四七《百官志》二）
>
> 传符　传符者，谓给驿用之。（《唐律疏议》卷二五《诈伪》）
>
> 银牌　唐有银牌，发驿遣使，则门下省给之，其制阔二寸半，长五寸，而隶五字曰："敕走马银牌。"（《古今图书集成·经济汇编》卷二六四）

银牌之制，于此已了若指掌。惟角符、传符之制，史籍未详，据《唐律疏议》卷一〇记载，仅知传符系龙形，以铜或纸为之。"驿使稽程"条疏议文云："依令给驿者给铜龙传符，无传符处为纸券。""用符节事讫"条疏议文亦云："依令用符节，并由门下省，其符以铜为之……其传符通用纸作。"则传符普通皆以铜作，无铜之处，始以纸代。然自开元以后，务简便，则皆通用纸矣。宋处厚《青箱杂记》卷八云：

唐以前馆驿，并给传往来，开元中务从简便，方给驿券，驿之给券，自此始也。

券分往还券与单程券两种。往还券，除门下省外，诸州不得发给。《唐会要》卷六一“馆驿”条云：

（贞元）八年门下省奏，邮驿条式，应给纸券，除门下外，诸使诸州不得给往还券。至所诣州府纳之，别给令还，其常参官府外，除授及分司假宁往来，并给券，从之。

倘传符遗失，寻访不获者有罪；伪造者处死刑。《唐律疏议》卷二七《杂律》“亡失符印求讨”条云：“诸亡失器符印之类，应坐者，皆听三十日，求访，不得，然后决罪。”同书卷二五“伪写宫殿门符”条亦云：“诸伪为宫殿门符、发兵符、传符者绞。”

再若陆驿券，于水驿用之，或水驿券于陆驿用之，亦皆有罪。《唐会要》卷六一“馆驿”条云：

大中五年七月敕：如闻江淮之间，多水陆两路，近日乘券牒使命等，或使头陆路，则随从船行，或使头乘舟，则随从登陆。一道券牒，两处祇供，害物扰人，为弊颇甚。自今以后，宜委诸道观察使及出使郎官御史，并所在巡院，切加觉察，如有此色，即具名奏，当议惩殿，如州县妄有祇候，官吏所由，节级科议，无容贷。

据以上所述，唐代驿传，不独组织严密，设备完善，且稽查周到，处罚苛重，有今日交通机关之长，而无今日交通机关之短。所谓社会进化，古不如今，固非一概之论也。

国家新闻出版广电总局
首届向全国推荐中华优秀传统文化普及图书

## ‖大家小书书目

| | |
|---|---|
| 经典常谈 | 朱自清　著 |
| 语言与文化 | 罗常培　著 |
| 习坎庸言校正 | 罗　庸　著　杜志勇　校注 |
| 鸭池十讲（增订本） | 罗　庸　著　杜志勇　编订 |
| 古代汉语常识 | 王　力　著 |
| 国学概论新编 | 谭正璧　编著 |
| 文言尺牍入门 | 谭正璧　著 |
| 日用交谊尺牍 | 谭正璧　著 |
| 敦煌学概论 | 姜亮夫　著 |
| 训诂简论 | 陆宗达　著 |
| 金石丛话 | 施蛰存　著 |
| 常识 | 周有光　著　叶　芳　编 |
| 文言津逮 | 张中行　著 |
| 中国字典史略 | 刘叶秋　著 |

| | |
|---|---|
| 古典目录学浅说 | 来新夏　著 |
| 闲谈写对联 | 白化文　著 |
| 怎样使用标点符号（增订本） | 苏培成　著 |
| | |
| 诗境浅说 | 俞陛云　著 |
| 唐五代词境浅说 | 俞陛云　著 |
| 北宋词境浅说 | 俞陛云　著 |
| 南宋词境浅说 | 俞陛云　著 |
| 人间词话新注 | 王国维　著　滕咸惠　校注 |
| 苏辛词说 | 顾　随　著　陈　均　校 |
| 诗论 | 朱光潜　著 |
| 唐诗杂论 | 闻一多　著 |
| 诗词格律概要 | 王　力　著 |
| 唐宋词欣赏 | 夏承焘　著 |
| 槐屋古诗说 | 俞平伯　著 |
| 词学十讲 | 龙榆生　著 |
| 词曲概论 | 龙榆生　著 |
| 中国古典诗歌讲稿 | 浦江清　著<br>浦汉明　彭书麟　整理 |

| | |
|---|---|
| 唐人绝句启蒙 | 李霁野　著 |
| 唐宋词启蒙 | 李霁野　著 |
| 古典文学略述 | 王季思　著　王兆凯　编 |
| 古典戏曲略说 | 王季思　著　王兆凯　编 |
| 唐宋词概说 | 吴世昌　著 |
| 宋词赏析 | 沈祖棻　著 |
| 道教徒的诗人李白及其痛苦 | 李长之　著 |
| 闲坐说诗经 | 金性尧　著 |
| 陶渊明批评 | 萧望卿　著 |
| 舒芜说诗 | 舒　芜　著 |
| 名篇词例选说 | 叶嘉莹　著 |
| 唐诗纵横谈 | 周勋初　著 |
| 楚辞讲座 | 汤炳正　著<br>汤序波　汤文瑞　整理 |
| 好诗不厌百回读 | 袁行霈　著 |
| 山水有清音<br>——古代山水田园诗鉴要 | 葛晓音　著 |

| | |
|---|---|
| 门外文谈 | 鲁　迅　著 |
| 我的杂学 | 周作人　著　张丽华　编 |
| 论雅俗共赏 | 朱自清　著 |
| 文学概论讲义 | 老　舍　著 |
| 中国文学史导论 | 罗　庸　著　杜志勇　辑校 |
| 给少男少女 | 李霁野　著 |
| 鲁迅批判 | 李长之　著 |
| 英美现代诗谈 | 王佐良　著　董伯韬　编 |
| 三国谈心录 | 金性尧　著 |
| 夜阑话韩柳 | 金性尧　著 |
| 英语学习 | 李赋宁　著 |
| 漫谈西方文学 | 李赋宁　著 |
| 历代笔记概述 | 刘叶秋　著 |
| 笔祸史谈丛 | 黄　裳　著 |
| 古典诗文述略 | 吴小如　著 |
| 有琴一张 | 资中筠　著 |
| 鲁迅作品细读 | 钱理群　著 |
| 唐宋八大家<br>——古代散文的典范 | 葛晓音　选译 |

红楼梦考证　胡　适　著

《水浒传》与中国社会　萨孟武　著

《西游记》与中国古代政治　萨孟武　著

《红楼梦》与中国旧家庭　萨孟武　著

《金瓶梅》人物　孟　超　著　张光宇　绘

水泊梁山英雄谱　孟　超　著　张光宇　绘

《红楼梦》探源　吴世昌　著

《西游记》漫话　林　庚　著

细说红楼　周绍良　著

红楼小讲　周汝昌　著　周伦玲　整理

曹雪芹的故事　周汝昌　著　周伦玲　整理

古典小说漫稿　吴小如　著

三生石上旧精魂
——中国古代小说与宗教　白化文　著

《金瓶梅》十二讲　宁宗一　著

古体小说论要　程毅中　著

近体小说论要　程毅中　著

文学的阅读　洪子诚　著

中国戏曲　么书仪　著

| | |
|---|---|
| 中国史学入门 | 顾颉刚　著　何启君　整理 |
| 秦汉的方士与儒生 | 顾颉刚　著 |
| 三国史话 | 吕思勉　著 |
| 史学要论 | 李大钊　著 |
| 中国近代史 | 蒋廷黻　著 |
| 民族与古代中国史 | 傅斯年　著 |
| 五谷史话 | 万国鼎　著　徐定懿　编 |
| 民族文话 | 郑振铎　著 |
| 史料与史学 | 翦伯赞　著 |
| 唐代社会概略 | 黄现璠　著 |
| 清史简述 | 郑天挺　著 |
| 两汉社会生活概述 | 谢国桢　著 |
| 中国文化与中国的兵 | 雷海宗　著 |
| 两宋史纲 | 张荫麟　著 |
| 明史简述 | 吴　晗　著 |
| 北宋政治改革家王安石 | 邓广铭　著 |
| 从紫禁城到故宫<br>——营建、艺术、史事 | 单士元　著 |
| 史学遗产六讲 | 白寿彝　著 |

| | |
|---|---|
| 司马迁之人格与风格 | 李长之　著 |
| 司马迁 | 季镇淮　著 |
| 唐王朝的崛起与兴盛 | 汪　篯　著 |
| 二千年间 | 胡　绳　著 |
| 论三国人物 | 方诗铭　著 |
| 考古发现与中西文化交流 | 宿　白　著 |
| 中国古代国家的历史特征 | 张传玺　著 |
| 艺术、神话与祭祀 | 张光直　著<br>刘　静　乌鲁木加甫　译 |
| 中国古代衣食住行 | 许嘉璐　著 |
| 中国古代史学十讲 | 瞿林东　著 |
| | |
| 黄宾虹论画 | 黄宾虹　著 |
| 中国绘画史 | 陈师曾　著 |
| 和青年朋友谈书法 | 沈尹默　著 |
| 中国画法研究 | 吕凤子　著 |
| 桥梁史话 | 茅以升　著 |
| 中国戏剧史讲座 | 周贻白　著 |
| 俞平伯说昆曲 | 俞平伯　著　陈　均　编 |

| | | |
|---|---|---|
| 新建筑与流派 | 童　寯　著 | |
| 论园 | 童　寯　著 | |
| 拙匠随笔 | 梁思成　著 | 林　洙　编 |
| 中国建筑艺术 | 梁思成　著 | 林　洙　编 |
| 沈从文讲文物 | 沈从文　著 | 王　风　编 |
| 中国画的艺术 | 徐悲鸿　著 | 马小起　编 |
| 中国绘画史纲 | 傅抱石　著 | |
| 中国舞蹈史话 | 常任侠　著 | |
| 海上丝路与文化交流 | 常任侠　著 | |
| 世界美术名作二十讲 | 傅　雷　著 | |
| 中国画论体系及其批评 | 李长之　著 | |
| 金石书画漫谈 | 启　功　著 | 赵仁珪　编 |
| 吞山怀谷——中国山水园林的艺术 | 汪菊渊　著 | |
| 中国古代音乐与舞蹈 | 阴法鲁　著 | 刘玉才　编 |
| 梓翁说园 | 陈从周　著 | |
| 旧戏新谈 | 黄　裳　著 | |
| 民间年画十五讲 | 王树村　著 | 姜彦文　编 |
| 民间美术与民俗 | 王树村　著 | 姜彦文　编 |

| | |
|---|---|
| 长城史话 | 罗哲文　著 |
| 中国古园林概说 | 罗哲文　著 |
| 现代建筑奠基人 | 罗小未　著 |
| 世界桥梁趣谈 | 唐寰澄　著 |
| 如何欣赏一座桥 | 唐寰澄　著 |
| 桥梁的故事 | 唐寰澄　著 |
| 园林的意境 | 周维权　著 |
| 万方安和——皇家园林的故事 | 周维权　著 |
| 现代建筑的故事 | 吴焕加　著 |
| 中国古代建筑概说 | 傅熹年　著 |
| 国学救亡讲演录 | 章太炎　著　蒙　木　编 |
| 简易哲学纲要 | 蔡元培　著 |
| 大学教育 | 蔡元培　著<br>北大元培学院　编 |
| 老子、孔子、墨子及其学派 | 梁启超　著 |
| 中国政治思想史 | 吕思勉　著 |
| 天道与人文 | 竺可桢　著　施爱东　编 |

| | | | |
|---|---|---|---|
| 春秋战国思想史话 | 嵇文甫　著 | | |
| 晚明思想史论 | 嵇文甫　著 | | |
| 新人生论 | 冯友兰　著 | | |
| 中国哲学与未来世界哲学 | 冯友兰　著 | | |
| 谈美书简 | 朱光潜　著 | | |
| 中国古代心理学思想 | 潘　菽　著 | | |
| 民俗与迷信 | 江绍原　著 | 陈泳超　整理 | |
| 佛教基本知识 | 周叔迦　著 | | |
| 儒学述要 | 罗　庸　著 | 杜志勇　整理 | |
| 希腊漫话 | 罗念生　著 | | |
| 佛教常识答问 | 赵朴初　著 | | |
| 大一统与儒家思想 | 杨向奎　著 | | |
| 孔子的故事 | 李长之　著 | | |
| 西洋哲学史 | 李长之　著 | | |
| 乡土中国 | 费孝通　著 | | |
| 社会调查自白 | 费孝通　著 | | |
| 经学常谈 | 屈守元　著 | | |
| 墨子与墨家 | 任继愈　著 | | |
| 汉化佛教与佛寺 | 白化文　著 | | |
| 中西之交 | 陈乐民　著 | | |

# 出版说明

“大家小书”多是一代大家的经典著作，在还属于手抄的著述年代里，每个字都是经过作者精琢细磨之后所拣选的。为尊重作者写作习惯和遣词风格、尊重语言文字自身发展流变的规律，为读者提供一个可靠的版本，“大家小书”对于已经经典化的作品不进行现代汉语的规范化处理。

提请读者特别注意。

北京出版社